サラ金全滅

過払い金バブル狂乱

笠虎 崇
Kasako Taka

共栄書房

サラ金全滅——過払い金バブル狂乱◆目次

目次

第二章　改正貸金業法で自殺者・ヤミ金急増——何のための改正なのか

第三章　崩壊するサラ金の現場——「捏造」テープで狙い撃ちされたサラ金

第四章　モラルなき債務者、萎縮するサラ金――迷走する貸金業界

第五章　サラ金のあるべき姿とは――金貸しの原点に戻れ

カバー写真提供――毎日新聞社

はじめに――改正貸金業法施行で多重債務問題は深刻化する

五〇〇万人が追加融資困難――。

二〇一〇年六月に改正貸金業法が全面施行されようとしている。改正貸金業法の全面施行を機に、サラ金は全滅するだろう。サラ金といっても「立派な」一部上場企業もある。サラ金のニーズがなくなったわけでもない。しかしサラ金は潰されようとしている。改正貸金業法は、建前上、多重債務問題解決と健全な貸金市場の形成のためと言われているが、果たして本当にそうなのか。一体、何のためにサラ金を潰そうとしているのか。多重債務問題解決のために本当に必要なことは何なのか――。これらの問題をサラ金の現場から検証したのが本書の内容である。

サラ金を破滅に追い込むことになった象徴的な出来事が、二〇〇六年に三つあった。一つはグレーゾーン金利を事実上認めない判決を下した最高裁判決。その目的は、多重債務者を救うことにあったのか、それとも増えすぎた弁護士に仕事を与えるためだったのか。詳しくは第一章の「サラ金潰して弁護士大儲け――過払い金バブル狂乱」を読んでいただきたい。

二つ目は、貸金業法の改正。改正の意図は、多重債務者問題の解決のためとされるが、本当にそうなのか。儲かるのは銀行、弁護士、ヤミ金。損をするのはサラ金と多重債務者。多重債務問題はむしろ悪化し、自殺者、破産者はより増える結果となるだろう。それは多重債務者だけの問題にとどまらず、社会にも悪影響を及ぼす可能性が大きい。第二章「改正貸金業法で自殺者・ヤミ金急増――何のための改正なのか」で改正貸金業法の全面施行の影響を探った。

三つ目は大手サラ金、アイフルの全店営業停止処分と謎の脅迫テープ事件。メディアがこぞって流した、アイフル社員の仕業とされた脅迫的な取り立てテープは、実はアイフル社員でないことが二〇〇九年の裁判で明らかになった。こうした事件を「捏造」までして、サラ金を崩壊させた。その内容は第三章「崩壊するサラ金の現場――「捏造」テープで狙い撃ちされたサラ金」に詳しく書いた。

以上、三つの出来事によって貸金業界は迷走をはじめた。市場は麻痺し、債務者のモラルハザードが起きた。イメージダウンを恐れ、必要以上に萎縮するサラ金、過払い金返還などで返済意志のなくなったモラルなき債務者が増える異常事態が現出した（参照、第四章）。

このような状態のまま、二〇一〇年六月に改正貸金業法が全面施行されようとしている。大企業化したことで「金貸し」としての社会的意義を忘れてしまったサラ金のあるべき姿と、真に多重債務者問題を解決するには何をすべきかを、最後の第五章にまとめた。

　私はかつて大手サラ金アイフルに勤めていたが、この本でサラ金を擁護したいわけではない。今、サラ金業界に何が起こっているかを描くことで、あるべき貸金業のあり方や真の多重債務問題解決のヒントになればと思っている。

　国民のためになるというふりをして、実際は特定職種が儲かるだけの結果になることを国民は知らない。サラ金＝悪というイメージを植え付けられることで、国民の金を食い物にしている悪の元凶が隠されている。

　そこで、サラ金業界の現場で働く現役サラ金社員を中心に取材を行い、今、一体、何が起きているのかを本書で明らかにしたい。国民は知られざる事実を知るべきだ。事実の認識に誤りがある限り、多重債務問題は解決しないし、国民はいつまでたっても為政者の都合に振り回される結果、不利益を被り、借金漬けにされる。こんな恐ろしいことはない。

第一章

サラ金潰して弁護士大儲け

――過払い金バブル狂乱

▼グレーゾーンで裁く日本の恐怖

日本の法律はグレーゾーンに満ちている。わざとグレーなゾーンを作っているのではないかとも思えてしまう。なぜならグレー（灰色）は、白にも黒にも解釈できる余地があるからだ。時の為政者や既得権益者のニーズに応じて、ある時は白、ある時は黒と判断できれば、こんな便利なことはない。

サラ金のグレーゾーン金利は「違法」――。たしかに、サラ金やクレジットカード会社などの高金利が大量の多重債務者を生み出してきたことは事実だろう。しかし、貸出金利の上限が法律上、二つ存在するというグレーゾーンは数十年間、放置され続けてきた。いや、放置というよりどちらの法律も正しいという前提のもとに、実際のビジネスが行われてきた。

しかし二〇〇六年、最高裁判決で出資法の上限金利二九・二％が事実上「違法」で、利息制限法（一五～二〇％）に合わせるよう判決が出た。しかもこれからそうしましょうという話ではない。今までの分も全部返金しなさいという話だ。

こんなことが日本で堂々と罷り通ってしまった。そのために潰れるのがサラ金業界だ。しかも返還金を取り戻すには、現実的には弁護士・司法書士に頼まなければならず、仮に返還金が五〇万円とするなら、そのうち一五万円程度が報酬としてもっていかれる。三〇%もの手数料が差し引かれてしまうのだ。

弁護士界・司法書士界は、いま過払い金バブルに沸いている。

「最近やっと過払い金請求は落ち着いてきたものの、まだ当面この状況が続くかもしれない。規制強化で新規融資もしにくくなった挙句、毎月二億円も支払わなければならない。このままいけばいつ会社が倒産してもおかしくはない……」

あるノンバンク会社では、ここ数年、毎月約二億円もの金がなくなっている。過払い金の支払いのためだ。これまで顧客に商品を売って得た金を、今になって毎月二億円返せと言われたら、あなたの会社はどうなるだろうか。今、こんな信じられない事態がクレジットカード会社やサラ金会社で実際に起こっている。

このようにグレーゾーンで裁く事態は、サラ金問題に限らず、日本の節々に蔓延している。今回はサラ金がターゲットにされたが、他の業界・企業がターゲットにされる可能性もある。実に恐ろしい問題だ。

▼過払い金返還を命じた最高裁判決

過払い金返還により、サラ金をはじめ、カード会社やノンバンクなどの経営状況が急速に悪化している。これまで日本は法治国家にあるまじき矛盾する法律が並存していた。金を貸す際の上限金利を定める法律が二つ存在し、一つは利息制限法で上限金利は一五〜二〇％まで、もう一つは出資法で二九・二％とされていた。

一般人のまともな感覚で考えたのなら、この二つの法律が並存している状態がどう考えてもおかしいだろう。一方は時速一〇〇キロまで走ってもいいといい、もう一方は時速五〇キロまでしか出してはいけないという。どちらの法律も国会で定められた法律だ。こんなおかしな状態が数十年続けられてきた。

ただし二つの矛盾する法律が矛盾なく並存できる条件があった。貸金業規制法第四三条の「みなし弁済」という仕組みだ。これにより、法律で定められた書面を渡して、借り手が任意に利息を支払うのであれば、利息制限法を超えた出資法の上限金利、すなわちグレーゾーン金利で貸しても合法だということになっていた。

つまりグレーゾーンは灰色ではなく白色＝合法だった。サラ金は出資法に基づき、法律にのっとってこれまで営業してきた。「みなし弁済」という法律に従っているのだから、グレーではなく合法なのだ。だから「グレーゾーン金利」で金を貸してきた。

ところが法律で合法とされた事項を、「違法」と判決を下したのが最高裁だった。二〇〇六年一月、最高裁は今まで合法と認められていたグレーゾーン金利を事実上、無効と判断したのだ。

▼グレーでも黒でもなくこれまでは合法

サラ金の元幹部は最高裁判決に怒りをあらわにした。

「過払い金は明らかにやり過ぎだ。そもそもみなし弁済という法律の条件にのっとって融資していたのに、後になって一〇年もさかのぼって金利を返せというのでは法律もあったもんじゃない。何のための法律だったのかと言いたくなる」

出資法という法律は廃止されていないし、法律上の上限金利二九・二％は二〇一〇年六月までは合法だ。「みなし弁済」という法律上の要件を満たしているにもかかわらず、グレーゾーン金利を無効と判断したのだ。

しかもこの判決の恐ろしさは、判決後は出資法の上限金利で貸してはいけないという話ではないところにある。最後に借り入れや返済をしてから一〇年以内であれば、グレーゾーン金利分は返還請求ができるとしたのである。合法な法律として実社会で機能してきたものを、過去一〇年にさかのぼってその法律は「違法」だったと判断したのだ。

法治主義は法律の遡及効を禁止するのが原則となっている。遡及効とは、過去に遡って効力を及ぼすこと。今、作った法律が過去に遡って適用されることは、社会秩序を乱すことになるため、認められないのがまともな法治国家の通常だ。

最高裁判決は原則禁止の遡及効を及ぼしたのである。現行法で認められていることを、最高裁の解釈によって法律を否定して、過去に遡及して効力を及ぼしたのだ。

この判決の恐ろしさは、身近な例で考えてみればわかる。例えばある道路では時速一〇〇キロまで出していいことに法律で決められているとする。ところが最高裁が時速一〇〇キロは危ないからダメだ。時速五〇キロまでしか出してはいけない。過去一〇年で時速五〇キロ以上のスピードを出していた運転手は五〇キロ超過分の罰金を今すぐ払えといっているようなものだ。

▼法律上は二九・二%の上限金利が「有効」だった

こんな判決が罷り通ってしまったのである。ルールを後から変えられたら、どんな企業でも業界でも困ってしまう。合法なはずの金利を過去にさかのぼって返さなくてはいけなくなったため、サラ金は急速に経営が悪化したのである。

グレーゾーン金利を原則無効とし、過払い金返還を過去にさかのぼって行えるとした前代未聞の最高裁判決は、サラ金業界関係者からは「史上最低の判決」との声が圧倒的に多い。

「今まで法律に従い、きちんと契約していたものを、後からやっぱり違法だから金を戻せというのはどう考えてもおかしい」（ノンバンク社員）

「過払い金を戻せというなら、サラ金の過去の利益が減るわけだから、利益を上げた時に支払った税金を国は返すのが筋だろう」（サラ金元幹部）

「サラ金はなぜ国家に損害賠償訴訟を起こさないのか不思議。理屈でいえばサラ金は国に間違いなく勝てる」（大手サラ金元社員）

「出資法という法律は一体何だったのか国に問いたい」（サラ金社員）

大手サラ金元社員はこの判決をこう評した。

「今後はグレーゾーン金利で貸し付けてはいけません。今後、グレーな金利で貸し付けた場合は、過払い利息を返しなさいという判決ならわかる。しかし一〇年前にさかのぼって今までの契約をやり直せというのは法治国家としてあるまじき行為だ。サラ金は出資法という法律に沿ってきちんと契約を交わしてきた。その間、それについて問題はなかったのに、最高裁で判決が出たから全部やり直してお金を払えなんて、あまりに理不尽だ。飲食店で食事を全部食べた客が、まずかったらお金を返せというようなものだ。客は料理を食べてしまったのにお金だけ返したら店は潰れるに決まっている。それを最高裁判所が認めてしまった。こんなおかしな話はない」

しかしサラ金社員の「戯言」など最高裁という国家権力の前にはなす術もない。こうしてサラ金は合法だったはずの利益を過去一〇年にさかのぼって返還する羽目になったのである。どんな理不尽な判決であっても裁判所の判断が「正義」とされることに対して、あるサラ金元幹部は「悔しくて仕方がない」と涙ながらに悔しさをにじませた。

グレーゾーン金利は最高裁判決上「無効」とされたわけだが、判決が出た後も、上限金利が二九・二％の出資法という法律は厳然と存在していた。廃止されたわけでもないし、法律の内容が改正になったわけでもない。出資法が利息制限法に合わせて上限金利が引き下げられる予定は二〇一〇年六月からだ。つまり、法律では白なのに裁判所が黒といったために、サラ金が違法に高金利で貸し付けしていたと悪者扱いされ、合法で貸したはずの金利を返さなければならないという話になってしまったのである。

▼サラ金の利益が弁護士にすげかえられている

過去にもらった代金を返せ――。この恐ろしい判決により、サラ金業界では年間約一兆円もの資金が流出しているともいわれている。一兆円もの金を返還しなければいけない業界なんて聞いたことがない。大手サラ金では営業利益のおよそ半額が過払い金のために社外に流出している。しかも当面、過払い金返還は続くと見られている。

現状、グレーゾーン金利で貸し付けている残高だけでも三兆五二九六億円あり（二〇〇九年一一月末時点）、融資全体の四分の一を占めている。この融資残高だけで済めばサラ金は生き残っていけるだろうが、なんといってもすでに完済しているもの含め、過去一〇年までさかのぼっていいということになっているので、強烈なダメージだ。一説によると過払い金の潜在市場はまだ三〇兆円あるとも言われている。三〇兆円、金を返せと言われたら、サラ金に限らず、どんな大企業・業界であろうと潰れないわけがない。というか潰れるしかない。というより潰すために判決を出したとしか言いようがない。

しかしなぜ最高裁はこんな判決を出したのだろう。それは明確な理由があるとしか思えない。弁護士を儲けさせるためだったのではないか。これがサラ金の現場を取材した私の実感である。

ある大手サラ金元社員は、過払い金返還判決は「弁護士のメシの種をつくるためだった」と批判する。

「司法と弁護士はお友達。弁護士のメシの種のために司法がおかしな判決を出した。そのおかげで弁護士がボロ儲けしているのは、弁護士のテレビCMや電車内の広告が異常に増えたことからも容易にわかる。過払い金を過去にさかのぼって返還させることは司法の横暴だ。いわばサラ金の利益を弁護士の利益につけかえているだけ。弁護士とは法律を使ったヤクザとしかいいようがない」

▼二〇%以上の高金利を批判し、二〇%以上の高報酬をむさぼる弁護士

過払い金返還をスムーズに行うには、弁護士や司法書士に介入してもらった方がいい。金融庁の調査によると、過払い金返還請求の実に九二%が弁護士・司法書士経由で行われているという。過払い金返還が増えれば増えるほど、弁護士や司法書士に濡れ手で粟の収入が入ってくることになる。

弁護士や司法書士は、二〇%以上もの高金利で貸したサラ金を悪徳だと批判し、多重債務者の味方のふりをしているが、彼らが過払い金返還で多重債務者から召し上げる報酬はなんと二〇~四〇%。二〇%は高利だと批判している弁護士・司法書士が二〇%以上の高報酬を取っているのだから、正義の味方も多重債務者の味方もあったものではない。

サラ金が違法に利息を取り過ぎたとするのであれば、サラ金が全額、債務者に金を返すのが筋だ。しかし過払い金を取り戻すには、過払い金返還訴訟を起こさないといけない。債務者本人が弁護士や司法書士を通さず、自分で裁判所に訴えてもいいわけだが、義務教育で法律実務を教えられない一般の日本人が、ましてや多額の借金を抱える多重債務者が自ら訴訟をする知恵などまずない。だからこそ弁護士や司法書士が儲けられるチャンスがある。

年間一兆円の過払い金があるなかで、仮に弁護士・司法書士の報酬が三〇%としたら単純計算で三〇〇〇億円の利益が弁護士・司法書士に転がり込んでいることになる。最高裁判決さまさまだ。三〇〇〇億円もの利益が最高裁判決によって生まれたのだから。

もちろんサラ金側の対応にも問題はある。サラ金は弁護士が介入すれば重い腰をあげ、面倒な過払い金返還対応に真摯に向き合うが、一債務者がサラ金にクレームをつけたところで適当な理由をつけてのらりくらり対応することも多い。取引履歴の開示を渋ったり、過払い金返還しないよう促したりする。そのため、債務者が過払い金を取り戻すためには、訴訟になろうが和解になろうが、サラ金のグレーゾーン金利並みの高い報酬を弁護士や司法書士に払わざるを得ないのだ。

過払い金でボロ儲けする弁護士・司法書士のために、リストラを余儀なくされ、倒産不安を覚えながら、サラ金で働く社員たちは相当な憤りを持っている。「あとだしジャンケンで今から過去のものを返せというのは普通の感覚で考えればおかしい。しかも債務者に全額返済されるわけではなく、そのうちの二〇%、三〇%もの〝高金利〟並みの手数料を債務者はむしり取られる。単にサラ金が損をするという話だけでなく、多重債務者にとっても理不尽な状況だ」とサラ金社員は語った。

▼過払い金バブルは司法制度改革の失敗を隠すためだったのではないか

それにしても、こうした判決を出してまで、なぜ弁護士に利益を還流させたのか。単に弁護士を儲けさせたいだけだと私は思っていたが、現役弁護士に業界事情を聞いてすべてがつながった。こうした判決を出してまで弁護士のメシの種をつくったのは、弁護士を増やしすぎてしまった司法制度改革の失敗を隠すためだったのではないか。

弁護士といえば最難関資格の雄であり、士業のなかでも最高クラスの資格だ。たとえ一〇年、浪人生活をしても、司法試験に合格さえすれば、一生、食うのに困らないステイタスの高い職種だった。

ところが最近、異変が起きている。司法試験に合格しても、弁護士事務所に就職できない人が急増しているのだ。弁護士のなかには仕事もなく貧乏している人も増えているという。なぜか。司法制度改革で司法試験の合格者数を以前より四、五倍にしてしまったからだ。

かつて司法試験合格者は年間五〇〇人ぐらいしかいなかった。しかし司法を国民の身近にすべきとの司法制度改革を受けて、最近の司法試験合格者は二〇〇〇人以上。最終的には司法試験合格者を三〇〇〇人にするとの目標を掲げ、ここ数年、弁護士の大幅増員を行ってきたのだ。

その結果、就職できない弁護士、仕事がない弁護士が増えてしまったのである。

司法制度改革の迷走ぶりについて詳しく描かれた書『こんな日弁連に誰がした？』（平凡社新書、小林正啓著）によると、「過払い金事件を除いた実質的な民事訴訟事件は、ここ数年で半減したといわれている。裁判という市場が縮小しているのに、パイを奪い合う弁護士が大幅に増やされたのだ」と指摘している。弁護士の仕事は減っているのに、人は増えてしまったのである。

▼弁護士のメシの種に過払い金返還をでっちあげ

次第に「弁護士を増やしたのは大失敗だった」と各弁護士会から批判が相次ぐようになった。しかし国が進めてきた司法制度改革が失敗だったとは、国や役人は認めたくない。やっと最近になって司法試験合格者増員を見直す動きが出てきたものの、ここ数年、増やしてしまった大量の弁護士を食わせなければいけないという問題は変わっていない。

そこで目をつけたのがサラ金のグレーゾーン金利だったのではないか。これは食えない弁護士を食わせるための絶好の仕事になると。民事訴訟件数は減って仕事がなくなっても、過払い金訴訟が増えたことで、ひとまず弁護士は食っていけるのだ。

仕事がない弁護士は、降ってわいたような過払い金返還という新たな仕事に飛びついた。電車内の広告は過払い金返還相談の弁護士・司法書士の広告だらけ。弁護士事務所がテレビＣＭをするほどの空前のバブルになっている。しかし空前のバブルの裏で、お粗末な弁護士が多く、債務整理のトラブルが急増しているのである。

▼弁護士・司法書士の不明朗な高額報酬

弁護士・司法書士のお粗末な状況について、多重債務者の無料相談を行うＮＰＯ法人の理事は苦言を呈する。

「過払い金請求が儲かるからといって、債務整理の知識がろくにない弁護士、司法書士までもが参入したした結果、債務者からの苦情やトラブルが増えている。このビジネスチャンスを逃すまいと、私に債務整理の仕方をアドバイスしてほしいと相談に来る弁護士まで現れた。何より過払い金返還の手数料はいくらなんでも高すぎだ。過払い金の二割、三割は取っていく。いわばサラ金の儲けが単に弁護士に移っただけに過ぎない」

二、三割どころか七割近い高額報酬をとる弁護士まで出てきた。過払い金額の約三分の二にあたる金を十分な説明なく報酬として受領した弁護士を、弁護士会は業務停止三ヶ月の懲戒処分にしたというニュースもあった。この弁護士は電車内の広告などで債務整理を受注。着手金、着手金額と同額の報酬、別途報酬、事務所経費などの名目で約三分の二もの報酬を取っていた。

かつて弁護士会には報酬規定が存在し、規定以上の報酬を取れば懲戒処分の対象になったが、二〇〇四年に報酬規定は廃止された。報酬が自由化されれば、競争原理が働き、報酬が下がって国民が弁護士を利用しやすくなるとの狙いがあったのだろうが、実態は逆に作用してしまった。報酬規定がなくなったのをいいことに、多重債務者という弱い立場の人から過払い金バブルを利用して、際限なく報酬をむしりとる。所詮、弁護士も人間であり聖人君子ではない。理想論で報酬規定を廃止してしまったのが裏目に出た格好だ。

過払い金の三分の二にあたる報酬はいくらなんでも取り過ぎで、だからこそ懲戒処分を下したのだろうが、それ以外の弁護士・司法書士であっても、報酬費用の不透明な広告手法を使っているという意味では、悪徳街金とほとんど変わらない。

悪徳街金は一%や二%という低金利で融資する広告を出すことで集客し、実際には金利という名目以外に、事務手数料、調査費用、更新料などの名目で実質三〇%近い高金利をむしり取る手法がかつては罷り通っていた。弁護士・司法書士の広告もそれと変わらない。「債務相談は無料」として無料で集客した後、過払い金があれば様々な名目で手数料を召し上げる。過払い金返還を頼むと総額でいくらかかるのか、報酬の明示が消費者にはわかりにくい。いや、場合によっては悪徳街金と同じように、報酬をわざとわかりにくくすることで後から手数料をぼったくろうと意図してやっているところもある。

弁護士業界では未曾有の特需で「あのセンセイは過払い御殿を建てた」「このセンセイはベンツを買った」などのうわさ話も乱れ飛んでいるという（『週刊ダイヤモンド』二〇〇九年八月二九日号）。それが果たして適正な報酬と言えるのか。一万円すら貴重な多重債務者からそんなにむしりとっていいのか。あまりの高額報酬に債務者から苦情が相次いでいるのは当然のことだろう。

▼弁護士・司法書士の高額報酬の苦情相次ぐ

こうした手法について大手サラ金元社員は、「弁護士は貧乏人の味方でも正義の味方でもない。彼らはタダでは働かない。金をむしりとれる仕事しかしない。結局、過払い金のうち三割も四割も債務者から金をむしりとる。結局、搾取される人は変わっていない。債務者は受け取れるべきお金を弁護士に横取りされてしまうのだから」と指摘する。

高額報酬でも債務者に過払い金が戻ってくればまだマシな方かもしれない。高額報酬を取るだけの悪徳弁護士・司法書士も増え、社会問題化している。例えば、過払い金返還交渉を行うための「行動費」として司法書士に毎月一〇万円取られた挙句、過払い金が戻ってこない。債務整理を依頼した弁護士に、三年間、毎月六万円支払うよう求められた。過払い金返還請求を依頼し、手数料を先払いしたのに、半年、一年たっても何の音沙汰もない。貸金業者から入手しているはずの取引履歴の開示に弁護士が応じない。債務整理を依頼したにもかかわらず、過払い金返還請求だけは引き受け、ヤミ金事件は取り扱ってくれない。多重債務者を紹介する悪徳な整理屋や紹介屋と結託し、高額な報酬の一部を整理屋や紹介屋にキックバックするなど、悪徳弁護士・司法書士の例を挙げればキリがない。なかには整理屋に事務作業をやらせて名義貸し料を取って儲ける弁護士まで登場している。

▼申告漏れの弁護士・司法書士が六九七人！

こうした状況から、全国の消費生活センターには弁護士への苦情件数が年々増え続けている。特に債務整理、過払い金返還請求については、弁護士・司法書士の高額報酬の苦情が多い。

弁護士事務所とのやりとりは電話でわずか数回。途中経過などきちんとした報告もなく、過払い金は予定より少なくなったものの報酬は三割も取られる状況に、弁護士は正義だと思って頼んだ多重債務者から不満が続出している。

苦情は客からだけではない。高額報酬をぶんどるだけでは飽き足らず、税務申告までいい加減なモラルなき弁護士・司法書士の実態も明らかになった。過払い金返還訴訟にかかわった弁護士・司法書士六九七人が総額七九億円を申告せず、追徴課税処分を受けていたことが国税庁のまとめでわかった。しかもそのうち一割強の八一人は、別人の口座に隠すなど悪質な不正行為があったと認定されたという。ひどい例では約二億四〇〇〇万円の所得隠しを行い、所得税約九〇〇〇万円を脱税した司法書士もいた。この司法書士は「債務整理・JP」というホームページを開設して集客。過払い金バブルで大儲けしたが、債務者からもらった報酬の一部しか申告しなかったという。九〇〇〇万円も脱税できるほど儲かる商売とは一体何なのか。尋常ならざるあこぎな商売という他ない。

悪徳弁護士は今までにももちろんいた。整理屋や紹介屋と組んで債務者から金をぼったくるなどしていた。しかし以前は、そんなことをするのはほんのごく少数の弁護士にしか過ぎなかった。ところが弁護士大増員と過払い金バブルで悪徳弁護士が一挙に増えた。金の亡者と化した弁護士・司法書士。過払い金バブルは司法の質の悪化を招いたのである。

▼債務者と面談すらしない弁護士・司法書士

モラルなき金の亡者が増えている過払い金バブルの迷走状況を受け、日本弁護士連合会（日弁連）では、債務整理の際には依頼者と直接面談すること、返還請求だけでなく他の債務の有無も調べてきちんと対応することなど、異例ともいえる指導に乗り出した。

しかし「過払い金バブルに踊る弁護士・司法書士の多くは直接面談などするわけがない」とサラ金元社員は指摘する。それどころか「過払い金返還訴訟すらしない弁護士がほとんどだ」と実態を語る。

「弁護士はわざわざ裁判なんかしないんですよ。裁判なんかしてたら手間だし、多くの債務者をさばききれない。だいたい弁護士の多くはツーカーな仲のサラ金担当者に電話一本だけして、減額交渉ですぐまとめてしまう。電話一本で過払い金の三割近い報酬を受け取れるのだから、訴訟より和解してしまう方が、割がいいと判断しているのでしょう。債務者はちゃんと裁判してもらえれば全額過払いを取り戻せるのにもかかわらず。その意味で多重債務者は弁護士のせいで二度損をしている。全額取り戻さない分の損。報酬をとられてしまう損。たとえば一〇〇万円の過払い金をもらえる多重債務者が、弁護士を通してしまったがために、五〇万円に減額交渉を勝手にされ、そこから一五万円報酬で抜いていかれ、債務者の手元に残るのはたった三五万円。六五万円も損しているのに、債務者は過払い金がどのぐらいあるか知らないから、『あくどいサラ金から三五万円も取り戻していただきありがとうございます』という話になる」

そもそも弁護士以外の者が報酬を得て、借金の減額交渉などは行ってはいけない。ところが実際には大量の客をさばくために、弁護士以外の無資格のものが交渉を行っている可能性が高い。実際に大阪の司法書士事務所で、資格のない職員が借金の減額交渉を行っており、弁護士法違反で告発されたケースもある。過払い金計算や借金減額交渉などは、弁護士や司法書士でなくてもやろうと思えば誰でもできる簡単な作業だ。大々的に広告を打っている弁護士事務所などが、弁護士自ら直接一件一件債務整理をしているとは到底思えない。

以前からサラ金・ヤミ金問題に真摯に取り組んでいる宇都宮健児弁護士などから見れば、弁護士一人あたり一〇〇人もの事務員を抱えて業務を代行しているような弁護士事務所は、弁護士が名義だけ貸して資格のない輩に業務をさせる「昔の整理屋と同じやり口」としか言いようがないだろう。

昔の整理屋は電話ボックスなどにチラシを張って集客している輩が多かったが、今や整理屋が大々的に電車広告やテレビコマーシャルを打てる時代になったのである。

▼弁護士の思惑で左右される過払い金返還の実態

逆に弁護士が、和解より無理やり訴訟に持っていこうというケースもある。多重債務者の無料相談を行うＮＰＯ法人の理事は「過払い金の返還金額が多い場合、債務者が早期の和解を希望しているにもかかわらず、訴訟で全額返還にこだわる弁護士も多い」と指摘する。

「過払い金請求すれば一三〇〇万円戻ってくるケースがあった。サラ金側は全額返還より目先の金がすぐに欲しい債務者の思惑を感じ、八〇〇万円で和解するならすぐ現金で払うと申し出た。しかし間に入った弁護士は、過払い金が少なくなってしまえば取り分が減ってしまうため、和解に応じようとせず、あくまで全額過払い金返還にこだわろうとした。ただこのケースでは、全額よりすぐ金が欲しいと債務者が強く主張したことで、弁護士の思惑は外れて八〇〇万円で和解となった。サラ金にとっては五〇〇万円も余分に払わずに済み、債務者は過払い金請求問題が長期化せず、早期に債務が整理でき、双方にメリットがあった。ただ、へそを曲げたのは弁護士だけだった」

サラ金、債務者、弁護士、それぞれが過払い金を巡って思惑が違う。債務者が自分の意向を主張できればいいが、弁護士の言うなりになるケースがほとんどだ。

また、過払い金がどのぐらい戻ってくるかによって、弁護士の態度は様変わりするともいう。「過払い金額が多ければ多いほど弁護士は儲かる。だから借入金額が少ない債務者が相談してもたいがい後回しにされる」（多重債務者の無料相談を行うＮＰＯ法人の理事）

債務者のための債務整理ではなく、弁護士の皮算用によって、和解か訴訟か、まともに対応してもらえるかが決められている。

ある債務者は二年前に過払い金返還を依頼した。サラ金やカード会社からの督促はなくなったので弁護士が動いてくれたことには間違いなさそうだが、未だに過払い金については何の音沙汰もないという。悪徳弁護士に過払い金をくすねられた可能性は高いが、「ひとまず取り立てが収まったからいい」と考えているようだ。

このように考える債務者の心理を悪用し、過払い金を横取りしている弁護士は相当数いる可能性もある。テレビ番組で亀井静香金融大臣が、「過払い金が依頼者にほとんど行かず、弁護士がポケットに入れちゃうことが相当起きている」と指摘したほどだ。

▼弁護士のアドバイスが債務者のためになるとは限らない

多重債務者の無料相談を行うNPO法人の理事は債務者にこうアドバイスする。

「最近ではゼロ円和解もある。ゼロ円和解とは、サラ金側が債務者の現在の借金をチャラにしようと提案するもの。例えば現在の借金が一〇〇万円あるが、それをゼロ円にしてあげると持ちかける。債務者にとっては一〇〇万円の借金がゼロ円になるのでこれほど喜ばしいことはないが、サラ金側がこのような提案をするには理由がある。過払い請求されると一〇〇万円以上、金を返さなければならないからだ。だからといって債務者がゼロ円和解より過払い金全額請求が得かというと難しい。過払い金請求すれば問題が長期化して金をもらうのが遅くなるだけでなく、弁護士費用がかさんでしまう。弁護士は自分たちの利益のために、何としてでも過払い金請求するよう債務者に持ちかけるが、債務者自身が現状の資金状況を考えて、場合によってはゼロ円和解を飲んだ方がいい場合もある。サラ金の提案がすべて損で、弁護士の提案がすべて得とは考えない方がいい」

最近ではこんな手口も横行している。

「ある大手弁護士事務所は過払い金返還交渉が長引いてもいいように、多重債務者に他社のおまとめローンで借り換えさせるよう指示している。過払い金の対象となる債務をおまとめローンで全額返済して一本化し、債務者の支払いを一時的にラクにしたうえで、完済したサラ金会社に過払い金請求をする。その方が腰を落ち着けて対処でき、訴訟が長引いても全額取れるので弁護士の実入りが大きいからだろう」（ノンバンク社員）

▼和解に持ち込むサラ金の過払い金対策

このまま過払い金を全額支払っていたら会社がもたない――。過払い金が予想以上に高止まりが続くなか、サラ金では最近になってようやく過払い金を減らす方法を考え始めた。

二〇〇九年末に希望退職したアイフル元社員は、アイフルが事業再生ＡＤＲに追い込まれるほど、財務状況が悪化した原因について、「過払い金返還を当初、甘くみて親切に対応しすぎた。過払い金を全額すぐ払ってしまったために、どんどん資金繰りが苦しくなった。最近になってようやく過払い金の減額交渉をするようになった。早くから減額交渉していれば、急速な財務状況の悪化はなかったはずだ」と指摘する。

あるサラ金会社では社内の優秀な人材を過払い金担当部署に集めているという。

「過払い金にどう対応するかで会社が生きるか死ぬかが決まってくる。今までは言われるがままに過払い金を支払ってきた。しかし資金繰りが厳しくなっていること、弁護士や司法書士のために金をプレゼントしてしまうことに違和感を覚え、遅すぎたとはいえ、今になって過払い金対応にやっと力を入れ始めた。今、社内の優秀な人材を専門部署に集め、過払い金の問い合わせがあった客に、現在の借金をチャラにする提案や、金利の引き下げ、過払い金を減額する代わりに即、現金を支払うといった対応を行い、少しでも過払い金請求を減らそうと必死になっている」（サラ金社員）

▼弁護士とサラ金がタッグを組む!?

早期に和解に持ち込むことは弁護士にもメリットがある可能性もある。そこで大手サラ金会社の幹部が、過払い金請求を行う弁護士事務所に菓子折りを持って「お手柔らかにお願いします」と挨拶回りしているとの噂もある。サラ金と弁護士が癒着して、本来なら全額返還されるはずの過払い金が減額され、債務者が損をするケースも出てきている。

「過払い金バブルで弁護士事務所にサラ金社員が数多く転職している。サラ金社員ならサラ金業者とのやりとりもお手のものだし、債務整理などに詳しいからだ。債務者の意向とは関係なく、サラ金社員同士で互いにメリットになるよう話をまとめてしまうケースも多いのではないか」と指摘する声もある。

ここまでくると弁護士事務所とサラ金社員とが癒着して、互いに儲けることも可能だ。サラ金社員が過払い金見込み客名簿を弁護士事務所に売る。弁護士事務所は名簿をもとに過払い金返還を促す。そして、サラ金社員と早期に和解をまとめてしまい、そのお礼にバックマージンを払う……。

多重債務者のための過払い金を、弁護士とサラ金のための食い物にすることも簡単だ。

▼日弁連会長に宇都宮弁護士就任で、サラ金業界が期待!?

そもそも弁護士の仕事のなかで、債務整理やサラ金問題などはかつては最も取り組みたくない仕事の一つであった。なぜなら、多重債務者を相手にするから金がもらえるかわからない、ヤミ金などから脅迫や嫌がらせを受ける可能性がある、手間がかかるわりに大きな実入りが期待できないのでバカらしい、といった理由からだ。

しかし金にならなくても、正義感からサラ金・ヤミ金問題に真摯に取り組んできた弁護士もいる。その筆頭が宇都宮健児弁護士だ。奇しくもその宇都宮弁護士が、弁護士の主流派閥候補を破り、二〇一〇年に日弁連の会長に就任が決まった。

長年、サラ金問題に取り組み、サラ金に対する規制強化の急先鋒である宇都宮弁護士の会長就任で、サラ金業界はさらに追い込まれると見るのが一般的だ。しかし宇都宮弁護士の会長就任は、サラ金業界にとっては朗報だという面もある。それは宇都宮弁護士が、過払い金返還で高額報酬をむさぼる弁護士に批判的な発言を繰り返しているからだ。「宇都宮氏が会長に就任すれば、弁護士への報酬を制限するなど自主規制の強化を進めてくれるのでは」とサラ金側には淡い期待を寄せる声もあるという。

過払い金バブルで儲けることしか考えず、多重債務者の生活再建など考えない「ビジネス系弁護士」は、長年、多重債務者問題に取り組んできたまじめな弁護士の活動を愚弄しているともいえる。これまで一部の弁護士がまじめに取り組んできたサラ金問題が、ビジネス系弁護士の「ぼったくり」によって台無しになってはかなわない。宇都宮弁護士の会長就任で、弁護士の過払い金の報酬規制、広告規制などが行われる可能性も出てきた。

▼高額報酬規制は司法書士にも

ちなみに宇都宮弁護士は弁護士人口拡大の政府目標に反対し、司法試験合格者数を年間一五〇〇人まで削減するとしている。結局、すべての問題はつながっている。弁護士を増やしすぎた大失敗の司法制度改革のせいで、仕事がなくなった弁護士に、最高裁判所が判決によって過払い金返還という仕事を与え、そのせいでモラルなき弁護士は債務整理そっちのけで高額報酬をとり、その弁護士としての対応が問題になっている。多重債務者問題に真剣に取り組む弁護士を守るためにも、弁護士人口増員の抑制は必要なのではないか。新たな増員抑制だけでなく、過払い金バブルに群がったモラルなき弁護士の資格剥奪も検討してもよいだろう。

行き過ぎた高額報酬については、弁護士だけでなく司法書士も問題になっている。日本司法書士連合会は、「大々的に広告して全国から依頼者を多数獲得し、自らの利益を優先する司法書士も現れてきた」と現状のあり方を問題視し、高額報酬批判を受け、報酬の上限設定を検討する方針を明らかにした。徐々にではあるが弁護士・司法書士業界の自助努力もやっと表れ始めた。

ある司法書士は過払い金バブルについて、「独立したばかりで仕事がないと、手っ取り早く儲けられる過払い金請求業務にふと参入しようかと考えてしまう。しかし安易な過払い金請求は多重債務者問題の根本的な解決にはならない。過払い金だけ払い戻しても、また借りる債務者が多いと聞く。過払い金請求にかかわるのなら、多重債務者が二度とお金を借りないよう指導することが必要ではないか。そこまで指導する覚悟がなく、過払い金請求で多額の手数料だけもらうやり方は、債務者に群がるサラ金＝ハイエナと同じ」と苦々しく語った。

どうせ報酬規制をするのであれば、今後の上限設定だけでなく、最高裁の過払い金判決のように、これまで債務者からぼったくってきた高額報酬は過去一〇年にさかのぼって返還させるようにすればいいのだ。規制が過去に遡及されて適用されるという理不尽な要求がどれほどひどいものか、弁護士・司法書士も自ら痛みを知れば、過去にさかのぼって過払い金返還をさせることが、いかに法律にもとる行為か身にしみて理解するだろう。

▼激化する弁護士の客の奪い合い

手っ取り早く儲かる過払い金ビジネスに乗り出せ――。手間はかからず、確実に報酬が入ってきて、かつ弁護士自ら業務を行わなくとも、社員やアルバイトにやらせればできる過払い金ビジネスに、弁護士・司法書士が殺到している。電車内の広告が弁護士や司法書士の債務整理広告で埋め尽くされているのを見れば、異常な熱狂ぶりがわかるだろう。

ただ多数の同業が参入してしまったために競争は激化。今は客の奪い合いが熾烈になっている。多重債務者の無料相談を行うNPO法人の理事はこう分析する。

「過払い金バブルに群がった弁護士・司法書士があまりに多かったため、今は過払い金顧客をつかむのに競争が激しくなっている。年間四〇〇〇万円もの広告費を使っても、あまり顧客が獲得できない弁護士事務所も出てきた。過払い金請求はひとまず一巡して落ち着いてはきているので、弁護士や司法書士がこれまでのようにボロ儲けできるかは難しくなってきた。ただ、都心部では過払い金の認知は進んでいるが、地方はまだまだなので、今、弁護士や司法書士は、地方の債務者の過払い金を狙い、広告攻勢をかけている」

広告手法も多様化している。

「債務相談はほとんどがケータイサイトを見てケータイのメールで連絡してくる人が多い。パソコン向けの過払い金返還ホームページを充実させても、会社や家のパソコンから見れば、家族に多重債務があることがバレてしまう可能性が高いので、ケータイサイトで検索して相談に来る人が多いのだろう。このため賢い弁護士事務所はケータイサイトを立ち上げて、過払い金客をつかもうとしている」（多重債務者の無料相談を行うＮＰＯ法人の理事）

▼弁護士のテレビＣＭで過払い金バブルが加速

そして何よりも弁護士のテレビＣＭの効果は抜群だという。多重債務者の無料相談を行うＮＰＯ法人の理事によると、二〇〇九年は多重債務相談者が激減。これまで一ヵ月に一五〇人ぐらいの相談があったが、最近は二、三〇人になったという。「弁護士事務所がテレビや雑誌、電車広告などで大々的に広告を打ち始めたために、債務整理・債務相談が弁護士事務所に流れている」と分析する。

テレビＣＭのすさまじい効果について、ノンバンクに勤めるある回収担当者はこう振り返る。「弁護士事務所がテレビコマーシャルをするようになってからというもの、今までとは比べ物にならないぐらい過払い金についての問い合わせが急増した。債務者は毎日の生活に追われている人が多いせいか、過払い金請求が認められる最高裁判決が出たといったニュースを知らない人も多かった。またそのニュースを知っていたとしても、自分にあてはまるとは思わない人も多かった。しかしコマーシャルの影響は劇的だった。一〇年前までさかのぼってこれまでの金利を取り戻せるとするなら、最近、新たに金を借りた債務者以外はほとんどが対象になるといってもいい。テレビコマーシャルは眠っていた過払い金請求の潜在需要を掘り起こし、サラ金・カード会社を追い込んでいった」

過払い金をきっかけに弁護士・司法書士の広告出稿額は異常ともいえる水準に達している。『週刊ダイヤモンド』二〇〇九年八月二九日号によると、二〇〇七年七月から二〇〇九年五月までのテレビ・ラジオ・新聞・雑誌・電車等交通広告の出稿金額は、一番多い弁護士事務所で約一五億円。司法書士事務所で約七億円にものぼる。億単位の広告出稿を行ってもペイできるほど、過払い金返還はボロ儲けできる商売なのだ。

あるサラ金社員は「過払い金の残高はいわばいつ爆発するかわからない時限爆弾のようなもの。どこにどれだけ潜んでいるかわからない」とため息をついた。

▼サラ金が倒産する前に過払い金を取り戻せ

弁護士・司法書士の過払い金の奪い合いが激化するなか、最近になってさらに広告大量出稿しているのには理由がある。サラ金が倒産する前に、早いもの勝ちで取れるうちに過払い金を取らなければまずいと焦り始めているからだ。

過払い金で過去の利益を吐き出させた挙句、改正貸金業法の全面施行でビジネスモデルが完全に崩壊するサラ金はもはや倒産しかない。しかしサラ金が潰れてしまったら、過去の過払い金などもはや取り戻すのは困難だ。あるサラ金社員は「今後は今までのようにいかない。過払い金を支払えないサラ金業者も増えてくる」と予想する。

だから今は早いもの勝ち。サラ金が倒産する前に早く申請して金を取れるだけ取ってとんずらしなくてはいけない。サラ金が倒産してしまえば過払い金バブルが終わってしまうことに気づいた弁護士・司法書士が、改正貸金業法の全面施行を前に、最後のチャンスとばかりに広告出稿攻勢をかけているのだ。

このため最近では、債務者に早く過払い金返還相談をするよう促す広告が増えている。弁護士・司法書士は死肉＝サラ金に群がるハゲタカと化している。

▼過払い金返還履歴を削除させる金融庁の横暴

何が何でも弁護士・司法書士の利益を優先し、多重債務問題は悪化しても構わない――。そんな金融庁の態度が露呈してしまったのが「コード七一」問題だ。

「コード七一」とは、サラ金が過払い金返還をした債務者を識別するため信用情報機関に登録するコードのこと。過剰融資にならないよう債務者の返済能力を見極めるため、過去の債務者履歴は信用情報機関に登録される。特に事故情報＝いわゆるブラック情報はサラ金業界にとって死活問題であり、過去に事故があった客には貸さないよう、情報を共有化することで、多重債務者の再発防止に役立っている。

過払い金返還をしたことが必ずしも「ブラック」と捉えられるとは言い難いが、サラ金にとっては再度融資を行う際に、かつて過払い金を行った客なのかどうなのかは重要なポイントだ。ところがこの「コード七一」を金融庁が削除しろと言い出したのだ。

「コード七一」を削除させようとしている背景には、過払いを行ったことで融資が受けられないという債務者に不利な状況を改善するためと考えられる。しかし多重債務で過払い金返還した客が識別できず、再び融資されてしまったら、また多重債務者転落の繰り返しになりかねない。

サラ金社員はあまりの金融庁の無知・横暴にあきれかえってこう述べた。「サラ金は、質草もない、担保もない人に、その人の信用力だけで金を貸せる画期的サービスを提供してきた。そのために債務者の詳しい状況がわかるよう情報共有を行ってきた。しかし今、それが崩壊しようとしている。過払いした人をコードでチェックしていたのに、そのコードをなくせというのはあまりに横暴ではないか」。「コード七一」の登録者は二〇〇九年三月末時点で累計約九九万人いるという。その情報を今になって削除せよというのだから横暴極まりないといえるだろう。

なかにはこんな声も聞かれた。

「無担保で金を貸すサラ金という商売は、客を信用して貸すのが基本。しかし過払い金返還を行う客は、双方で結んだ契約を無視して一方的に権利だけを主張する、サラ金にとっては信用ができない客だ。だからサラ金としては過払い金返還をするような客には二度と貸したくない。そのためのコードなのにコードを削除せよとは何事か」

そもそも以前は、過払い金返還請求をした客は「債務整理」（コード三二）として登録されていた。しかし二〇〇七年九月になり「契約見直し」（コード七一）に鞍替えされた経緯がある。債務者のなかには「過払い金返還をしたいが、それによって今後、借金ができなくなってしまうと困るので過払い金をしないでいる」という人もいるという。こうした状況は弁護士・司法書士にとって悩みの種だ。過払い金返還をしてくれないと自分のところに金が入ってこない。そこで金融庁に「コード七一」を削除させるよう要請したのではないかとも受け取れる。

つまり結局すべては多重債務問題の解決のためなんかではなく、弁護士・司法書士がいかに儲けられるか、それをしやすくするためにはどういう制度設計、法改正にしたらよいかという点に集約している。あまりの理不尽さにサラ金業界が憤るのも無理はない。

▼過払い金の次は更新料返還で弁護士ボロ儲け?

二〇〇六年一月の最高裁判決以来、過払い金バブルともいうべき弁護士・司法書士に濡れ手で粟の仕事が入ってきたわけだが、最近は競争も激化していることもあり、また過払い金返還もピークに達した感はあり、この先もボロ儲けできるかは微妙な情勢になってきた。するとまた食えない弁護士が出てきて、司法制度改革の失敗が浮き彫りになってしまう。

しかしすでに司法は次なる手を考えているという。現在、不動産賃貸業に関わるサラ金元社員はこのように指摘する。

「次に狙われるのは大家さんだ。更新料は違法、敷金は違法、礼金は違法など最高裁判決で出し、過去にさかのぼって大家から取り戻せるようになれば、過払い金の比ではないぐらい、弁護士に新たな仕事が舞い込んでくるだろう。弁護士のメシの種にされることを大家業をしている我々はすでに警戒しており、契約内容を見直すなど対策を行っている」

まさに今、賃貸住宅の更新料が裁判所で大きな争点になっている。更新料は合法か違法かが問われる訴訟が起き、更新料は違法だから返還しろという判決もあれば、更新料は有効だから返還する必要はないという判決も出ている。まさに過払い金と同じ、グレーゾーンなのだ。

賃貸住宅の契約更新時に支払う更新料は全国的な慣行でないため、余計にグレーと受け取られるのだろう。更新料を徴収するのは、東京、神奈川、千葉などの首都圏と京都や滋賀などの一部地域に限定されているため、裁判所の解釈によっては違法と断じることもできそうだ。

高裁レベルでは有効か無効か判断がまちまちの状態のため、後は最高裁判決にかかっている。もし最高裁判決で更新料が無効となり、過払い金と同様、これまで徴収した更新料を過去一〇年までさかのぼって返還すべきとなれば、またしても弁護士においしい報酬が転がりこんでくることになる。

「日本の法律はわざとグレーゾーンをつくっている。グレーなゾーンを作っておけば、その時々で為政者の都合の良いように解釈できる。白でも黒でもないことが多すぎる日本は、法治国家でもなければ契約社会でもない。白か黒かはっきりしないため、怖くてビジネスができない」と、あるサラ金社員は語った。過去にさかのぼって過払い金を返還させることに味をしめた弁護士。最高裁で更新料無効判決が出るようなことになれば、過払い金返還が弁護士のメシの種のための判決だったことが証明されるだろう。

第二章

改正貸金業法で自殺者・ヤミ金急増

――何のための改正なのか

▼総量規制と金利引き下げで多重債務問題は悪化する

「過払い金返還だけならまだなんとか生き残れたかもしれないが、さらに規制強化までされたらサラ金は潰れるしかない。というかサラ金を潰すための一連の政策ではないかと疑う」。あるサラ金社員は苦しさをにじませた。

過払い金返還で過去に得たはずの利益をどんどん吸い上げられて、それだけでも相当なダメージで厳しい状況のサラ金に、さらにとどめを刺すべく行われようとしているのが改正貸金業法の全面施行だ。

改正貸金業法は二〇〇六年一二月に成立・公布され、段階的に施行されてきた。二〇〇七年一月には無登録営業の罰則強化、二〇〇七年一二月には取り立て規制の強化や業務改善命令の導入などが行われた。二〇〇九年六月には貸金業者の登録要件の厳格化が行われている。

そして最後の山場が二〇一〇年六月の改正貸金業法の全面施行。借入総額を年収の三分の一までに制限する総量規制の導入と、グレーと言われ、裁判では黒と断定されつつも、未だ法律上は有効な二九・二%という上限金利を二〇%に引き下げる金利規制の二つが大きな目玉だ。

貸金業法を改正する目的は、多重債務問題の解決と安心して利用できる貸金市場の構築ということになっている。しかし総量規制と金利引き下げは多重債務問題の解決どころか、より問題を深刻化させる恐れがある。

サラ金に長年勤めた元幹部は、「今度の改正貸金業法は、日本の個人消費を下支えする、社会に必要な消費者金融を抹殺しようという性格のものだ。もし消費者金融がなくなれば、日本の景気はさらに悪化し、お金を借りたくても借りられない人が続出し、大きな社会問題を引き起こすだろう。総量規制と金利引下げという信じ難い改悪は、今からでも見直すべきだ」と主張する。

サラ金業界にしてみれば、自分たちのビジネスモデルが完全に破壊される改正貸金業法の全面施行は業界の死を意味する。そのため改正貸金業法改悪に抵抗するのは自然な流れだが、だからといってそれは業界のエゴだけから主張しているとも言い難い。サラ金の死はそれを利用する客の死をも意味するからだ。

改正貸金業法の全面施行で予想されること、それはサラ金から金を借りられなくなる債務者続出で自殺者・破産者・ヤミ金が急増することだ。果たして改正貸金業法は本当に多重債務者問題解決になるのか、見ていきたい。

▼五〇〇万人が追加融資困難！　総量規制大パニック

借入総額を年収の三分の一までに制限する総量規制の導入——。この内容自体は悪くないと思うし、債務者を多重債務者化させない素晴らしいことだと思う。しかし現状では、サラ金利用者の約半数が年収の三分の一を超えて借りていると言われている。「サラ金利用者は約一〇〇〇万人。うち半数の五〇〇万人が追加融資を受けられなくなり、全面施行で大混乱に陥るだろう」と予測する向きが強い状況だ。実態を無視した過度な規制を急に強行してしまえば、どれだけ正論であっても、混乱が起こることは避けられない。

「このまま改正貸金業法の全面施行を断行すれば、サラ金利用者から不満が急増することは間違いないだろう。完全施行で今、サラ金を利用している人がほとんど借りられなくなる。不景気で収入が減っていて、今こそお金を借りたい時なのに、新規融資はおろか追加融資も受けられず、お金に困る債務者が増えるだけ。債務者側から規制強化反対の機運が盛り上がるのではないか」とサラ金社員は指摘する。

総量規制が導入されれば、現状のサラ金利用者の半数が追加融資を受けることができなくなる。金に困ったサラ金利用者はどうするか。答えは一つ。ヤミ金に頼るしかない。それは過去の歴史を振り返っても明らかだ。

「規制強化で、ヤミ金全盛。何度となく繰り返されてきた歴史だ。その愚をまた犯そうとしている。いる」とサラ金社員は指摘する。

過払い金返還と改正貸金業法の全面施行でサラ金が潰れれば、債務者が金を借りる選択肢は二つしかなくなる。銀行かヤミ金だ。銀行がサラ金と同じように、信用力の低い人にも融資できるのなら混乱は起こらない。しかし改正貸金業法の金利引下げと総量規制により、今までサラ金で金を借りられた人の多くが、金を借りられなくなる。銀行はそこまでリスクをとることはしないだろう。残された道はヤミ金しかないのだ。

サラ金の元幹部は「総量規制はヤミ金を儲けさせるだけだ」と断言した。まさに今それが現実の世界に起こっている。

▼借りられなくなる主婦がヤミ金の最大のターゲット

総量規制の導入で最も影響を受けるのは専業主婦だ。表面上は収入がないため金を借りられなくなる。借りるためには夫の同意書が必要になるとも言われているが、日本貸金業協会のアンケートによると、専業主婦の約四割がサラ金から金を借りていることを夫に内緒にしているという。

多重債務者の無料相談を行うＮＰＯ法人の理事はこう語る。「総量規制で自転車操業できない債務者が急増する。家族に内緒にしていた借金がこれをきっかけにバレてしまうケースは間違いなく増えるだろう」

サラ金社員は「規制強化がされる前は主婦にはバンバン金を貸していましたね。旦那が公務員だから、金を貸しても、主婦に収入がなくても取りっぱぐれはないだろうとか。しかし今はもう規制が厳しいから、どこも貸さないだろうし、追加融資にも応じられない。旦那にバレないようにするにはヤミ金を利用するしかないだろう」と予想する。

改正貸金業法の全面施行でヤミ金に特需が生まれる。あるヤミ金業者は改正貸金業法をこう見ている。

「貸金業法改正でヤミ金ニーズは増えるんじゃないの？　特に主婦とか。だいたい主婦なんか旦那に隠して借金しているわけだけど、借りられなくなったらバレて困っちゃうじゃない？借金を隠すためにわらをもすがる気持ちでヤミ金から借りる人は増えるだろうな。貸す側としても主婦ならいざとなれば風俗に売り飛ばせばいいわけだから、回収は簡単よ」

男性と違い若い主婦なら風俗に沈めれば回収が見込めるため、ヤミ金にとっては絶好のターゲットだ。主婦としても借金がバレるくらいならヤミ金と風俗を利用してでも、借金を隠したいと思う人は多いだろう。ヤミ金は金を返さない債務者には周囲を攻撃することが多い。家族、学校、仕事場に平然と電話を掛け、借金利用をバラすと脅しをかけてくる。「それなら体を売ったほうがマシ」と考える女性は多いようだ。

ヤミ金を利用したこともある元多重債務者の男性は「風俗で済むならまだマシ。個人で体を売りに走ったり、夫に浮気させて慰謝料取って食いつないだりする人も多いと聞く。ヤミ金で借りてしまったら最後。自己破産しても効果なく、取り立てはいつまでも続く。だから金のためなら多重債務者はどんなことだってしますよ」とヤミ金の恐怖を語る。

恐ろしいヤミ金しか利用できない債務者は、金のためならなりふり構わず不法行為にだって手を出しかねない。そうした人が増えれば、社会全体にも悪影響を及ぼしてしまうことになる。決して他人事ではない問題なのだ。

▼自営業者の資金繰り悪化も必至

改正貸金業法の全面施行は、主婦だけでなく自営業者やサラリーマンもヤミ金業者の絶好のターゲットになる。ヤミ金業者はこう語る。

「ヤミ金を利用する自営業者も増えるだろうね。合法なサラ金で追加で金を借りられなくなる可能性が高いわけだから。自営業者は金額がでかいのでサラリーマン相手よりリスクは大きいが儲けもでかい。今は自営業者に一〇〇〇万円単位で金を貸している。一〇〇〇万円で利息＝儲けは三〇〇万円。月一件でも貸せば月収三〇〇万円だからこんなボロい商売はない。今後も自営業者のヤミ金ニーズは増えるだろう」

改正貸金業法は建て前上、個人が事業用資金として借り入れる場合は、原則として総量規制の対象とはならないとしている。しかし実際には、個人事業主がサラ金から事業資金を総量規制以上に借りることは難しいと言われている。背に腹はかえられない個人事業主がヤミ金に泣きつく可能性は極めて高い。

自営業者の苦境はサラ金社員も肌で感じている。

「不景気でリストラされてしまったために、借金が返せなくなったという人が二〇〇九年に急増している。最近は自営業者で取引先からの入金がなく、支払計画が狂ったという人が増えている。自営業者の短期の資金繰りニーズは非常に高い」（サラ金社員）

「官僚や弁護士が、総量規制の導入や高金利を撤廃すれば、多重債務者は減り、借金苦による自殺者も減ると思っているなら大きな間違いだ。逆に規制強化の法律施行で多重債務者も自殺者も増えるだろう」とサラ金業界に十数年身を置く現役社員は語る。また他のサラ金社員は、「多重債務者問題を本気で解決したいなら、金を平然と借りてしまう〝借金病〟の治療に力を入れるべきだ。それをせず、上っ面の規制を強化しただけでは、借りたい人がヤミ金に流れ、ヤミ金被害が急増するだけだ」と指摘する。

▼上限金利を下げた直後にヤミ金が急増した二〇〇〇年前半

合法貸金業者の規制を強化すればヤミ金が増えるというのは過去の例からも明らかだ。ヤミ金が横行し、ヤミ金被害者が急増して問題となったのは二〇〇〇年以降のこと。それは、二〇〇〇年に出資法が改正され、上限金利が四〇・〇〇四%から二九・二%に引き下げが行われたからだ。資金調達に一〇%以上のコストがかかる中小の貸金業者は二九・二%では到底ビジネスとして成り立たない。このため、上限金利引き下げを契機に、合法業者を辞めざるを得ず、ヤミ金化する貸金業者が増えたために、ヤミ金が大きな問題となった。金利引き下げにより借りられなくなった人も多いために、ヤミ金から借りたい人も増えてしまった。

こうした状況を受け、二〇〇三年にヤミ金融対策法が施行された。主に罰則を強化する内容だった。二〇〇三年にはヤミ金事犯の検挙は一二四六人と前年比約三倍増。検挙事件数は五五六件で前年比約二倍増。被害額は三二二億円で前年比約二倍増となった。すさまじいヤミ金被害が同法成立による取り締まり強化でその一端が明らかになったわけだが、同法の成立効果もあってその後の検挙数は減少。二〇〇六年には検挙は七一〇人、被害額は一九九億円となり、二〇〇三年に比べて大きく減少した。

ところが二〇〇七年に再び急増する。二〇〇三年のピーク時の水準と同程度の、検挙数は九九五人、被害額は三〇〇億円を突破。再びヤミ金問題が深刻化し始めた。なぜ二〇〇七年にヤミ金事件が急増したのか。二〇〇六年一二月に貸金業法が改正され、二〇〇七年から規制が強化されたからである。

過度な規制強化はヤミ金被害を急増させることはこの一〇年で明らかだ。にもかかわらず、サラ金を全滅させるほどの規制強化を強行しようとしている。その結果がどうなるかは考えただけでもぞっとする。

改正貸金業法ではヤミ金に対する罰則強化が行われ、懲役五年から一〇年になったが、需要も供給も増えているヤミ金がその程度の罰則強化でなくなるとは到底思えない。そもそもヤミ金被害は表に出にくく、把握するのも難しい。合法業者への規制強化だけして、ヤミ金対策が今まで通りでは、多重債務者問題はより深刻化するだけだ。

一部の弁護士をのぞいて、債務者相談でヤミ金被害に真摯に取り組む弁護士はほとんどいない。過払い金の報酬だけせしめて面倒なヤミ金被害はスルーする。弁護士の多くは多重債務問題解決のために取り組んでいるのではなく、単に金儲けしたいから過払い金返還だけを行っているに過ぎない。高額の報酬を取るのであれば、ヤミ金大盛況の今こそ、ヤミ金撲滅のために力を入れて活動する弁護士がいてもいいはずだが、残念ながらそのような弁護士は少ないのが現状だ。なぜなら手間もかかるし、金にもならないからだ。

▼優しいヤミ金＝ソフトヤミ金が大盛況

ヤミ金というとヤクザまがいの脅迫的・暴力的取り立てといった、血も涙もないイメージが強いだろうが、最近では過酷な取り立てをしない、客に対して優しいヤミ金＝ソフトヤミ金が増えているという。ソフトヤミ金は、脅迫的・暴力的取り立ては一切なく、対応は紳士的。ただヤミ金と呼ばれる所以は無登録業者であることと、金利が四〇～八〇％と違法な高金利を取ることだ。取り立てがソフトなことから被害届などを出される場合が少なく、表舞台に出てこないケースが多い。また金に困った債務者が重宝し、何度も利用しているともいう。債務者が再度融資を受けるためにソフトヤミ金業者をかばうことまで起きている。ソフトヤミ金は貸しても三万円程度。基本、小口融資のため、高金利をむさぼっても債務者にとって金利負担は感じにくいというのが特徴だ。

ソフトヤミ金が流行するのは需要があるからだ。規制強化で金を借りられなくなった客が、規制強化で廃業した貸金業者がはじめたヤミ金に金を借りにいく……。結局、規制強化したところで実態は良くなるどころか、かえって悪くなっているとさえ言える。

警察庁の調査によると、ヤミ金事犯の検挙で暴力団が関わっているのは約三割程度。つまりあとの七割は暴力団絡みではなく、一般人がヤミ金をやっている。

ヤミ金の多くは「〇九〇金融」と呼ばれ、店舗を持たず、携帯電話を使って営業を行う。また深刻な被害になるのは「システム金融」と呼ばれる手口で、名称の違う金融業者がグルになって、一人の債務者に対し次々に他店を紹介して融資する手法。ヤミ金業者によるとシステム金融も依然として多いという。

▼サラ金利用者の一割がヤミ金と接触

サラ金利用者によってヤミ金はそう遠くない存在だ。貸金業協会の「資金需要者等の現状と動向に関するアンケート調査」（平成二一年）によると、サラ金利用者の一割がヤミ金と接触したことがあり、実際に利用したことがあるのは五％となった。

ヤミ金を利用した理由については、「緊急にお金が必要になったから」が四六％、「正規の貸金業者がどこも貸付を行ってくれなかったから」が三九％となった。つまり、ヤミ金が、今までのサラ金の代わりになっているのだ。改正貸金業法全面施行の前でこの数字である。全面施行されれば、ヤミ金利用者は増えると容易に想像できる。

ヤミ金を知るきっかけとなった理由としては、「友人・知人の紹介」が二七％だが、次いで上位だったのが「インターネット広告」で一八％。今や携帯電話とネット広告でヤミ金業を簡単に始めることができる。その意味ではかつてよりも、ヤミ金は容易に参入しやすいビジネスになったとも言えるだろう。

▼改正貸金業法はヤミ金促進法か

改正貸金業法で金を借りられなくなる債務者が増え、ヤミ金を求める人が増えるのと同時進行で、改正貸金業法で倒産を余儀なくされた中小サラ金業者のなかにはヤミ金に転身する人も多いと予想される。改正貸金業法はまさにヤミ金の需要も供給も増やした、〝ヤミ金促進法〟とすら言える。

健全な貸金市場の構築と称し、改正貸金業法では貸金業参入条件の厳格化をした。二〇〇九年六月には貸金業者の最低純資産額を二〇〇〇万円に引き上げた。さらに二〇一〇年六月の全面施行ではさらに五〇〇〇万円に引き上げるという。

「これは中小貸金業者にヤミ金になれと言っているような改正内容だ。中小貸金業者を潰すための政策としか思えない。潰された貸金業者だって、日々、自分たちの生活の生き死にがかかっている。貸金業者がまともな転職などできないだろう。ならばヤミ金に転ずる業者が多いのも仕方がない」とあるサラ金社員はこぼした。

実際に貸金業者は激減している。一九八六年に四万七〇〇〇社あった貸金業者は二〇〇九年一〇月末時点では四七五二社になった。十分の一にまで業者数が減ったのだ。

二〇一〇年六月の全面施行でさらに業者数は減るだろう。失業した金貸しが転職できる仕事は少ない。手っ取り早いのがヤミ金。過度に参入条件を厳しくした結果、健全な市場の構築どころかヤミ市場が大きくなるだけだった。そんな事態が今まさに進んでいる。

今後は中小貸金業者だけでなく大手貸金業者のリストラ、倒産も相次ぐ可能性は高い。大手サラ金社員も同様にリストラ、失業したら、転職できる先などほとんどない。クビになった大手サラ金社員が金を稼ぐためにヤミ金を始めることも十分考えられる。リストラされたサラ金元社員が会社の顧客名簿を持ち出し、ヤミ金を開業するケースもあるという。ますますヤミ金市場は活性化しそうな勢いだ。

▼ヤミ金になるしかない

「もしまだ私がアイフルを勤めていてリストラされたら、ヤミ金になるしかないよな……」

アイフル事業再生ＡＤＲ――。このニュースを聞いた時、アイフルを退職してもう一〇年以上も経つ私ですらある種の戦慄を覚えた。私がこのニュースを聞いて真っ先に思ったことは「もしまだ在職していたら、ヤミ金になるしかない」という思いだった。

新卒入社で三五歳になるまでずっとサラ金に勤めていたとするなら、一体、何ができるだろう。できることと言ったら、金を貸すことと取り立てることぐらいしかない。しかし転職しようにも、同業他社は経営危機的状態にあり、難しい。ましてやこの不景気。サラ金で一〇年勤めていましたと言って、どこの企業が採用するだろうか。ほとんど転職先はない。

私がアイフルに入社した一九九七年は就職氷河期でどこも採用が厳しいなか、サラ金だけが絶好調で、新卒社員を三〇〇人近く採用していた。離職率は八割とも九割とも言われる職場ゆえ、今まだ勤めている人は少ないだろうが、サラ金全盛時代に採用された人で、まだ勤めている社員も多いだろう。その社員たちがクビを切られて転職できなかったら何をするか。ヤミ金をするしかないのではないか。

サラ金をリストラされた社員が大量にヤミ金になったとしても需要はいっぱいある。改正貸金業法の全面施行で金が借りられなくなる人がいっぱいいるからだ。金を借りられない人だけでなく、この不景気で、給料減少、ボーナスカットで家計が厳しい人も多くいる。つまり改正貸金業法の全面施行は、需要面でも供給面でもヤミ金を後押しすることになる。

リストラされたサラ金社員がヤミ金を始め、サラ金で金を借りられなくなった人がヤミ金で借りる。なんとも皮肉な世の中だがこれが現実だ。これまでの業界実情を無視したあまりに厳しすぎる法律は、多重債務問題を解決するどころか、貸す側、借りる側のヤミ金化を促してしまうのだ。

▼金貸しの国家資格で悪質業者が減るとの見込みの甘さ

悪質な貸金業者を少なくするため、改正貸金業法の一環として貸金業務取扱主任者なる国家資格が創設された。貸金業者は貸金業務取扱主任者を営業所ごとに配置しなければならないため、貸金業者の多くが大量の社員に試験を受けさせた。

第一回の試験は二〇〇九年八月に行われた。しかしフタを上げてみればそんなに難しくはない試験。二〇〇七年に貸金業界に入ったばかりで、第一回の資格試験に合格した社員は、資格制度のあり方に疑問を投げかける。

「こんなペーパー試験をして意味があるのかよくわからない。単に貸金業者から国家資格という名のもと、受験料をぶん取っているだけではないか……」

資格制度を導入すれば、強引な取り立てなどを行う貸金業者が減るとの狙いがあったのだろうが、そもそも総量規制の導入と金利引き下げの実施、さらには貸金業者の純資産額の引き上げで、駆逐したい悪質な業者は合法業者をやめて、次々にヤミ金に転じている。このため、資格制度を導入したところで悪質な業者を減らすことに大きな効果は認められそうにない。むしろ健全な貸金業者に過度な負担を強いるだけとも言える。

官僚や弁護士がいかにも机上で考えそうな制度だが、金貸しという、生きるか死ぬかの泥臭い世界で、上っ面の資格試験などほとんど意味がない。合法業者の縛りを厳しくすることだけでなく、ヤミにもぐってしまう違法業者をどう取り締まっていくのか、そちらにウエイトを置かない限り、貸金業務取扱主任者が増えたところで健全な貸金業界など望めない。

▼金利引き下げで借りられなくなる人が急増

総量規制の導入と並んで、改正貸金業法の全面施行の大きな目玉となっているのが金利引き下げ、すなわち出資法の二九・二％を利息制限法に合わせて一五～二〇％にし、グレーゾーン金利を撤廃するというものだ。

すでに最高裁判決がグレーゾーン金利での貸し出しについて法律要件（みなし弁済）を満たしていても事実上無効の判断を下しているため、多くのサラ金ではすでに利息制限法に合わせた金利での貸し出しを行っている。しかし改正貸金業法の全面施行により、法律上もグレーゾーン金利が撤廃される事態に、サラ金業者の困惑は隠せない。なぜなら利息制限法と同じになれば、銀行系サラ金とのすみわけがまったくできず、事実上、サラ金は社会に不要と断言されるようなものだからだ。

あるサラ金社員はこう語る。

「サラ金の商売はハイリスクな人にハイリターン（＝出資法の上限金利）で融資するから成り立っていた商売だ。ハイリターンを禁止されたら、ハイリスクはとれなくなる。今までお金を貸すことができた人に貸せなくなれば、お金に困る債務者がより増え、大きな問題となるだろう」

サラ金がグレーゾーン金利で融資している人は、二〇〇九年一一月末時点で全体の四分の一にも及ぶ。これらの人々はグレーゾーン金利が撤廃されれば、今後、金は一切借りられなくなる可能性が高い。

▼大手サラ金の融資成約率が六割から三割へ

二〇〇九年に希望退職でサラ金を退職した元社員は、サラ金の意義をこう位置付ける。

「消費者金融はこれまで銀行が貸すことができなかった人たちに対して、リスクマネーを供給してきたという自負があった。お金が回らない人にもお金が回ることで、一定なりとも経済の潤滑油になり、社会に貢献してきた側面はあったと思う。

もちろん反省すべき点はある。一部行き過ぎた融資や回収があったことは事実。高金利で長期に貸すのは大きな問題だが、高金利であっても短期で貸す分には社会的意義がある。にもかかわらず、総量規制と金利引き下げのダブルパンチを浴びせられては、もはや消費者金融業界は生き残っていけない。まだ金利引き下げだけなら生き残れる道もあったかもしれないが、もう先行きはないと思い、希望退職で辞めることにした」

サラ金がもはや商売にならないのは、融資成約率（新規契約数／新規申込数）の変化に如実に表れている。サラ金大手四社の二〇〇六年四〜六月の融資成約率は六二％だったのに対し、二〇〇九年七〜九月は三二％まで減少した。つまり一〇人客が来て六人に金を貸せていたのが、今やたった三人になってしまったのだ。七人は融資を断られるのである。グレーゾーン金利の事実上の無効判決が何より大きな影響を及ぼしたと言えるだろう。

貸付残高も急減している。個人向け無担保貸付残高は、二〇〇六年三月末時点で一〇兆七〇〇〇億円だったが、二〇〇九年三月末時点で六兆六〇〇〇億円に減少。わずか三年で業界全体で四兆円もの市場が消えたことになる。さらに総量規制と金利引き下げが加わるのだから、もはやサラ金は潰れたも同然と言えるだろう。

▼荒利三〇%は果たして暴利か

金利を引き下げる理由として、現状の出資法の上限金利二九・二%は高金利で暴利だとの批判がある。これについて、サラ金の元幹部はこう反論する。

「金利を二〇%に引き下げるのはあり得ない。これまで通り、出資法の二九・二%を上限にすべきだ。二九・二%は果たして暴利なのか。これが暴利なら他の業種で荒利三〇%を取っているところはなぜ暴利と言われないのか。消費者金融の荒利は三〇%で、そこから人件費や貸し倒れ分、店舗費用や資金調達コストや広告宣伝費を引いたら、他の業界に比べて特別に利益率が高いわけではない。しかも何の担保も取っていない。三割の荒利がなければもはや消費者金融は商売としてやっていけない。このままでは日本で個人金融というマーケットは消滅してしまう」

また一般に誤解されているのは、サラ金だけが三〇％近い暴利をむさぼっているというイメージだ。かつて大手サラ金で取り立てをしていた元社員はこう言う。

「取り立てに行くとよく『この高利貸しが！』と客から悪態をつかれることが多かった。そんな時、私は銀行提携のクレジットカードを出して説明するんです。『当社の金利は二九・二％ですが、このクレジットカードのキャッシングの利率をご存知ですか？　二五％ですよ。銀行提携のカードにもかかわらずです。私どもは三六五日営業し、全国に支店を構え、ATMを各所に配置し、お客様の利便性を図っている。借りたい時にわずか三〇分程度の審査でお金を融通する。それで二九・二％の金利をいただいて商売しておりますが、それでも高利貸しとおっしゃいますか？』と」

サラ金だけが異常な高金利をとっていたわけではないのだ。

▼新規融資できずサラ金業者の自転車操業が不可能に

皮肉なことだがサラ金という商売は、多重債務者と同じ、自転車操業だ。サラ金は預金機能が認められていないノンバンクのため、銀行から借金してきた資金を又貸ししてそこの利ざやで稼ぐ商売だ。サラ金が企業として成長していくためには、新規融資を次々と増やしていくことで融資残高というパイを大きくし、コスト効率のよい規模で営業していかなくてはならない。
しかし総量規制の導入と金利引き下げにより、もはやサラ金は新規融資ができない。新規融資ができなければ、融資残高はどんどん減っていくだけ。その分、固定費が相対的に高まればコストが経営を圧迫し、行き着く先は倒産しかない。それを今、サラ金で働く社員たちはひしひしと感じている。
「最近では広告はもちろんダイレクトメールを送る予算も捻出できない。ホームページすら変える費用すらない。広告が打てなければ新規客を獲得できず、ますますジリ貧になっていく」(ノンバンク社員)
「サラ金の自転車操業はもはや限界。サラ金も多重債務者と同じく、バンザイするしかない。過払い金返還で収入は減らされ、総量規制で売上は減らされ、金利引き下げで利益も減らされている。潰れない方がおかしい」(サラ金社員)
「サラ金はかごを回るハムスター。一度手を出したら、延々走り続けなければならない。しかしもう走り続けることができない環境になりつつある。もうサラ金は死ねということだ」(サラ金元社員)
かつては存在意義のあったサラ金だったが、ここに来てサラ金を潰そうとしているのはなぜなのか。その理由は簡単だ。サラ金のやっている業務は銀行にやらせればいい。たったそれだけのことなのだ。

現在のサラ金業界が置かれた状況は昭和五八年に起きたサラ金パニックより厳しいとも言う。サラ金の元幹部は今のサラ金業界の状況について、「かつてのサラ金パニック当時と比べても今の状況の方が断然、厳しい。今、消費者金融で働いている人たちは地獄だ。過払い金は多い、総量規制と金利引き下げで貸せる人もほとんどいない。しかも地獄から抜け出す見込みもない」と語った。

▼銀行の儲けのためにサラ金は潰される

「金利を引き下げたら、今まで金を貸していた人に貸せなくなるから、金利引き下げは横暴だ」というサラ金側の主張もあるが、その論理を一蹴できるものがある。銀行の存在だ。

例えばサラ金で二五％の金利でしか借りられない人が、金利引き下げで借りられなくなるかといえばそんなことはない。銀行なら二〇％で貸すことができるだろう。サラ金と銀行の決定的な違いは資金調達コスト。サラ金はノンバンクのため、金を貸すために金を借りてこなくてはならない。そのコストが仮に五％とするなら、その分、金利に上乗せされている。しかし銀行が直接サラ金ビジネスをやるなら、資金調達コストは〇%に近い。国民から長らく〇%台というもはや無料同然ともいえる金利で資金を調達できるのだから、その分、貸出金利も安くできるのだ。

銀行がサラ金を始めれば、属性の悪い人間にも金利を引き下げて貸すことはできる。もちろん、銀行が、属性の悪い人間に融資できるノウハウ、取り立てできるノウハウがあるかは大いに疑問だが、サラ金を子会社化したことにより、十分、そのノウハウは蓄積されたと判断したのだろう。だからこのタイミングでサラ金を潰してしまうために、過払い金返還判決に始まり、総量規制や金利引き下げなど、次々と手を打ってきたのだろう。

「ノンバンクはすべて倒産するしかない。なぜなら預金機能がなく資金調達能力が低いからだ。サラ金業のうまみはすべて、預金機能があって低金利で資金を調達できる銀行に独占されるだろう」とサラ金社員は予想する。

「金利の利幅がなく、銀行系サラ金と貸す客がバッティングしてしまえば、低金利勝負になり、資金調達コストのかかるサラ金が銀行系にかなうわけがない。もはやサラ金の存在意義はない」

（サラ金社員）

▼銀行がサラ金をすればサラ金はいらない

改正貸金業法の真の目的は、債務者を助けるためではなく、金融危機で傷ついた銀行を助けるためではないかとも思える。なぜならサラ金を潰して儲かるのは銀行だからだ。

銀行は近年、次々とサラ金をグループ会社に取り込んできた。今まで個人向け融資には見向きもしてこなかった銀行だが、業績不振にあえぎ、新たな収入源を確保したい銀行は、投資商品を販売することでの手数料稼ぎと同時に、サラ金など個人向け高金利融資に乗り出した。今まで個人向け融資にノウハウがなかった銀行だが、ここ数年のサラ金との連携でノウハウの蓄積に成功したのだろう。だからこの辺でもうサラ金はいらないというわけだ。銀行にとってサラ金は商売敵で邪魔ものでしかない。

銀行は過払い金返還の影響はまったくない。資金調達コストが無料同然だから、貸出金利も低くすることができ、金利引き下げの影響も皆無だからだ。しかも、総量規制の対象外になっている。サラ金を潰してしまえば、後の個人高金利融資分野は銀行が独占できることになる。

大手メガバンクが最大利率一四%もの高金利のカードローンをテレビコマーシャルし始めた。結局、サラ金というおいしいビジネスが銀行につけかえられただけで、今まで以上に借金しやすい環境になるだけだ。そして銀行で借りられない人の選択肢はヤミ金しかないという悲劇が待っている。

過払い金返還と改正貸金業法の全面施行により、狙い撃ちでサラ金を潰すことが、果たして多重債務問題の真の解決になるのだろうか。金を借りる選択肢が銀行かヤミ金かの二択になった世界。債務者の利益と不利益のどちらが大きいか、現状のヤミ金活況を見れば、すでに結果は明らかだと思う。

▼規制対象外の銀行がおまとめローンで債務者を借金漬け

サラ金を規制強化で潰しつつ、規制の対象にならない銀行はサラ金の利益を奪おうと次々と高金利商品を販売している。なかでも最近、流行しているのが銀行の借金おまとめローンだ。おまとめローンほど金融機関にとっておいしい商品はない。なぜなら儲かるからだ。特に銀行にとってはこれほど儲かる商品はない。金利は一〇〜一五%もとれるからだ。

銀行のおまとめローンがブームになっている現状について、長くサラ金業界に勤める現役社員は「おまとめローンは禁じ手だ」と警告する。

「金の借りぐせのある債務者におまとめしたところで、また金を借りるに決まっている。おまとめはさらに借金を増やすだけだ。借金が増えた後、きちんと回収できるか難しい商品だと思う。債務者のためにも金融機関のためにもならないのではないか」

あるローン会社では、三、四年前から無担保のおまとめローンで三〇〇万〜四〇〇万円程度、積極的に融資していた。ところが二〇〇八年九月の金融危機以降、急速な景気悪化で返せない人が急増しているという。

「銀行の狙いはおまとめローンを入口に新たな顧客を獲得し、住宅ローンを借り換えさせたり、預金口座を作ってもらったり、教育ローンなどを新たに貸したりするなど、いわゆるクロスセルで儲けようとしている。銀行ならクロスセルはできるが、預金機能のないノンバンクではそれができない。結局、サラ金を潰して儲かるのは銀行だけですよ」とサラ金社員は語る。

不動産バブルに踊り、不良債権が山積みになって、日本経済の足を引っ張った銀行。その銀行を建て直すため、利ざやの薄い法人向け商売だけでなく、利ざやの大きい個人（リテール）向けローン商売にシフトしろと、銀行業界に大号令がかかっている。

今まで銀行は個人向けサービスをバカにしてきた。なぜなら金額も小さく、手間もかかり、ノウハウもなかったからだ。そのため、サラ金をはじめノンバンクが台頭してきた。バブル崩壊以降、銀行が融資を絞ってきたからこそ、商工ローン会社やサラ金会社がその役割を担ってきた。しかし世界の金融業界競争が厳しくなるなか、今まで手を出してこなかった個人向け商売の重要性がここ最近、急に唱えられるようになった。そこで銀行がサラ金をグループ会社に取り込み、個人向け高金利ローンのノウハウをここ数年、学んできた。もう銀行にノウハウがたまったからノンバンクはいらない。銀行を儲けさせるためにサラ金を潰すのは見え見えだ。

だから「おまとめ」という言葉は銀行しか使えず、ノンバンクは使えないという恣意的なハンデをつけている。おまとめローンという名称で広告を打てるのは銀行だけのため、銀行が儲かるようになっている。いわばその最終仕上げが改正貸金業法の全面施行。これでサラ金が潰れれば、個人向けローン商品の儲けはすべて銀行が独占できるのだ。そしてそこからあぶれた客は、すべてヤミ金が利益を独占する。

▼抜け穴だらけの総量規制

総量規制が機能する前提となるのは、債務者がどれだけ借金をしているかを正確に知る信用情報機関の登録情報にかかっている。ところがその登録情報に様々な「抜け穴」が存在することも明らかになり、正確な融資審査ができるのか疑問の声も出ている。

まず、すべての貸金業者が信用情報機関に加入しているとは限らないこと。サラ金系の信用情報機関「日本信用情報機構（ＪＩＣＣ）」とクレジット・信販系の信用情報機関「シー・アイ・シー

（ＣＩＣ）」に加入している貸金業者は約一三五〇社。残り三〇〇〇社以上の貸金業者は情報機関に加入していないのだ。

未加盟のまま全面施行を迎えれば違法になるが、中小・零細業者はコストや事務負担が増えるのを嫌い、加入が難航しているという。未加盟者が残れば、債務者の借金情報を正確に把握することができなくなる恐れも出てきた。

もう一つ、根本的な問題がある。銀行のカードローンほか、住宅ローンや自動車担保ローンなどは総量規制の対象外になるという。

「総量規制といいながら、すべての借金が規制の対象になるわけではない。規制の対象外としてはショッピングローン、オートローンなどがある。銀行のカードローンも対象外だ。たとえば年収六〇〇万円の人なら二〇〇万円までしか貸せないはずだが、銀行のカードローンで二〇〇万円借りていても、サラ金で一円も借りてなければ二〇〇万円貸せることになる。ただこうしたケースで融資をしても、後からこの状態を見て、『それは過剰融資だから債務不存在だ』と弁護士に訴えられる可能性がある。法律を守っても、後からどうとでも解釈ができる抜け穴だらけの総量規制では、規制を守ってもびびって貸すことができなくなる」

一体、そんなことをして何のための総量規制なのかと思う。銀行の高金利カードローンがなぜ総量規制の対象外なのか。また、住宅ローンの残債務が一〇〇〇万円あるのか四〇〇〇万円あるのかでは、債務者の状況はまったく変わる。にもかかわらず有担保は総量規制の適用除外としてしまう。

担保から間違いなく全額回収できるならともかく、地価が下がり、住宅も売れない不動産市況のなかで、住宅を売っても返済できなければ、さらに借金はかさむ。そもそも住宅ローンが多重債務者に陥る大きな原因にもかかわらず、それは適用除外して、無担保でばんばん貸し付けることが本当に多重債務問題の解決につながるのだろうか。なんとも不思議だ。

▼グレーゾーン金利撤廃でリボ推奨、さらに多重債務問題深刻化

グレーゾーン金利撤廃で収入源を失ったサラ金、クレジットカード会社では、生き残りをかけてある商品に命運を託している。リボルビング払い（リボ払い）だ。

リボ払いとは借金の額にかかわらず、毎月一定の返済額を支払えば済むもの。借金が増えても毎月の返済額が変わらないため、まるで自分の預金から引き出している感覚のように、追加で借り入れてしまうのが特徴だ。表面金利は利息制限法内に抑えているものの、返済が長期化すれば利息負担は重くのしかかり、多重債務はどんどん増えていく。債務者を借金漬けにする麻薬のような商品なのだ。

サラ金、カード会社は今、熱心に債務者にリボ払いをするよう勧めている。高金利で貸せない以上、サラ金、カード会社が生き残るには、債務者を長期に借金漬けすることでしか利益を得る方法がないからだ。

こうした流れにノンバンク社員は疑問を呈す。

「グレーゾーン金利撤廃で高金利を取れなくなった貸金業者は雪崩をうったようにリボ払いに力を入れている。リボは見かけの金利が低くても毎月借金漬けする恐ろしい商品。多重債務者問題解決のためにグレーゾーン金利を撤廃した結果、リボ払いが増え、破産者は急増すると思う。海外でリボ払い比率が多いところは破産者が多いと聞いているのに、日本はまるで破産者を増やす方向になっている」

どんなに高金利であっても、少額かつ短期の借り入れであれば、債務者の金銭的負担はそれほど大きくない。本来、それが困った時に助けるサラ金の役目だった。だから高金利であっても客は金を借り、「助かりました」と感謝の言葉すら述べるのだ。

しかし何もかも規制でがんじがらめにした結果、債務者にとって最も危険な問題を引き起こすリボ払いが推奨されるようになってしまった。多重債務問題の解決どころか、多重債務問題をより悪化させる商品が幅を利かせることになる。

あるサラ金社員は「リボ払いは客に勧めやすい。なぜなら表面金利は安く見えるし、月々の返済額が安いからだ。しかしリボ払いほど金銭感覚を麻痺させる商品はない。それでもサラ金は高金利が禁止されてしまう以上、自分たちが商売していくために、莫大な利息を長期にわたって債務者に支払いさせるリボを勧めていくしか道はない」と語った。

高金利を叩くことだけが果たして本当に債務者の味方なのか。こうしたところにも改正貸金業法のしわ寄せが出てきている。

▼借りられない客をターゲットに詐欺も横行

今までサラ金で金を簡単に借りられたのに急に借りられなくなった——。こうした状況のなか、債務者を騙す詐欺事件も増えていると多重債務相談を行うＮＰＯ法人理事は語る。

「融資の一本化をするから、サラ金で金を借りて着手金八〇万円を郵送しろという手口があった。郵送先は私書箱で、着手金だけせしめるとドロンしてしまう。引っ掛かりそうな債務者を寸前のところでやめさせた。目先の金欲しさに債務者は詐欺に簡単に引っ掛かってしまう。また、融資の一本化を勧められたが、債務者が借入条件が合わず、融資を断ると、高額のキャンセル料を寄こせという被害も最近多い。キャンセル料を支払わないと職場にいやがらせ電話を掛けてくるなど悪質だ。最近は過払い金をエサにした詐欺集団も多い。例えば過払い金請求をするため、着手金を支払って欲しいといって支払ったが最後、何もせず逃げられるケースも多い。詐欺の手口は少額のものが増えている。例えば、勝手に銀行口座に一万円振り込み、一五日後に二万五〇〇〇円支払えといった手口もよく聞く。少額過ぎて、警察に被害届を出しても、受け付けてくれないこともあり困っている」

金を借りられないと焦る債務者が増えれば増えるほど、このような詐欺も比例して増える傾向にある。

▼あわてて全面施行の混乱回避案

改正貸金業法の全面施行は間違いなく様々なところに大混乱を引き起こすだろう。そんな当たり前のことがわかっていながら、全面施行までのカウントダウンがはじまり、政府は今になってあわててはじめた。全面施行を前に、混乱を回避させるための「抜け穴」措置を検討しているが、はっきりいって「焼け石に水」の状態だ。こうした状況のまま二〇一〇年六月一六日に、改正貸金業法は全面施行されようとしている。

第三章

崩壊するサラ金の現場

――「捏造」テープで狙い撃ちされたサラ金

▼儲かるサラ金業を銀行に吸収させたい

過払い金返還という判決まで出し、債務者のためにならないとわかっていながら規制を強化してまで、なぜサラ金を潰そうとしているのか。サラ金業界に一〇年以上身を置く社員はこう分析する。

「銀行を救済するために独立系サラ金を潰すのでしょう。いわばサラ金の利益を銀行につけかえるようなもの。銀行グループ内にサラ金を取り込ませさせた方が官僚にとっても管理しやすく便利なのでしょう。役人と銀行の利害が一致し、ノンバンクのみを規制強化で縛り上げたのではないか」

サラ金は儲かる商売ということに銀行が気づいたのはここ数年の話。今まで見向きもしてこなかった個人向け無担保ローンが、銀行の新たな収益源として期待できることがわかったからだ。しかし銀行に無担保ローンのノウハウはない。そこで大手サラ金とタッグを組み、次々とサラ金に進出していった。

その動きは二〇〇〇年頃から始まった。まず三和銀行がプロミスと組んでサラ金会社モビットを設立。同年、さくら銀行が三洋信販と組んでサラ金会社さくらローンパートナー(翌年アットローンに名称変更）を設立。二〇〇一年には東京三菱銀行がアコムと組んでサラ金会社東京三菱キャッシュワンを設立した。

銀行がサラ金を始める――。当時は驚きの目で見られたが、今やすっかりそれが当たり前になってしまった。銀行のブランド力とサラ金のノウハウを合体させ、共同で会社を設立することによって、何が起きたのか。サラ金にとっては市場が飽和し、競争が激化しているなかで、これまでサラ金から金を借りるのに抵抗感があった層を気軽に借りさせて、顧客基盤を広げようとの思惑があり、銀行にとってはサラ金ノウハウを吸収することで後の収益の柱にしようとの思惑があった。

銀行の看板を背負ったサラ金会社の成功に味を占めた銀行は、二〇〇四年にさらに踏み込んだ動きに乗り出す。三井住友銀行はプロミスと業務・資本提携を、東京三菱銀行はアコムと業務・資本提携を行った。ついにサラ金が銀行の傘下に入ったのである。

▼アイフルの銀行買収発言がサラ金を潰すきっかけ

次々とサラ金業が銀行に吸収されていくなかで、サラ金業界大手の武富士とアイフルだけが独立系を貫き、銀行とタッグを組まない路線を歩み始めた。特にアイフルは積極的に同業のM

＆Aを行い、急拡大。二〇〇五年には東日本銀行の筆頭株主になり、サラ金が銀行の傘下に入るのではなく、銀行をサラ金の傘下に収めようと破竹の勢いだった。

アコムやプロミスが銀行の軍門に下るなか、アイフルの福田吉孝社長は二〇〇五年一月一四日に掲載された読売新聞のインタビューでこう答えている。

「自分たちで銀行を持つことによって、夢を実現できると思う。……中略……銀行を持つには三つのスタイルがある。一から銀行を作る方法や、東京都が旧BNPパリバ信託銀行を買って新銀行東京に衣替えしたような方法もある。既存の銀行を買収してもいい。銀行は社会的な信頼度が高く、傘下に収めれば、アイフルのブランドイメージも向上する」

今後の成長戦略は総合金融化であり、そのためには銀行買収も辞さない。東日本銀行の筆頭株主になったアイフル社長のこの発言は、銀行・役人を震撼させた。このままではサラ金に銀行を乗っ取られかねないと。

▼アイフル潰しの施策が二〇〇六年に集中

振り返ってみれば二〇〇五年のアイフル社長の銀行買収発言が一気に流れを変えた転換点だった。サラ金をこれ以上のさばらせておくわけにはいかない。二〇〇六年に次々とサラ金を潰す施策が行われた。

第一に、二〇〇六年一月の最高裁の過払い金返還判決。法律で有効なはずのグレーゾーン金利が事実上無効とされ、しかも過去にさかのぼって利益を返還させるというサラ金に大ダメージを与える大きなきっかけとなった。第二に、二〇〇六年四月のアイフルの全店舗営業停止処分。銀行買収をしかねない脅威となるアイフルを明らかに狙い撃ちにした処分を行うことで、イメージを地におとしめることに成功した。第三に、二〇〇六年一二月の改正貸金業法成立。段階的施行で完全にサラ金の息の根をとめる準備が整った。

サラ金業界に一〇年以上身を置く社員は、なぜサラ金だけが狙い撃ちされているのかをこう分析する。

「やっぱりアイフル福田社長の銀行買収発言がすべての原因だったと思いますよ。急成長したサラ金業界が、銀行の軍門に下るかどうかを突きつけられた時、アコムは三菱ＵＦＪに、プロミスは三井住友に頭を下げた。しかし、武富士とアイフルは銀行の手下とならず独自路線を歩もうとした。だから武富士とアイフルの不祥事がばんばんマスコミにリークされたのでしょう。はじめは武富士がターゲットだったが、アイフルにバッシングのターゲットが移ったのは、アイフルが銀行を買収しかねないほどの危険性を官僚が感じたからでしょう。銀行配下に加わらないだけならまだしも、逆に銀行を配下に加えようなんてとんでもないことだと。日本では下克上は許されないんです。だからぶっ潰されたんでしょう。業界の見せしめともいえる全店営業停止処分をアイフルにして、百罰一戒の対象にしたのはそのためです」

二〇〇五年に銀行の筆頭株主になり、今後、銀行を買収すると豪語していたアイフルが、わずか四年で事業再生ADR（裁判外紛争解決）を申請するまで追い込まれたのは、サラ金を潰すための施策がいかに強烈だったかを物語っている。既得権益者にとっては、まさにしてやったりの想いだったに違いない。

思えばこの頃、ライブドアがM＆Aによりラジオやテレビ局を買収するとの物議を醸し、その手法がグレーだと批判された。新興企業が破竹の勢いで旧態依然とする過去の大企業を買収しようかという最中、二〇〇六年、不自然な形での東京地検特捜部の強制調査により、ライブドアは上場廃止となり、ホリエモンは「潰されて」しまった。二〇〇六年は、アイフルやライブドアなどの下克上を封じ込め、既存の大企業を守る象徴的な年であった。

▼アイフル社員の脅迫テープは〝でっちあげ〟だった

アイフル潰しのために行われた、過払い金返還、全店営業停止処分、改正貸金業法成立に加え、さらにダメージを加えたのは、アイフル社員が言ったとされる脅迫テープの存在だ。二〇〇六年、アイフルが全店営業停止処分になった際、アイフルが恒常的にヤクザ顔負けの脅迫的な取り立てをやっているというイメージを植えつけようと、テレビのニュースで度々流されたあの脅迫テープだが、実は「アイフル社員とは無関係」との判決が二〇〇九年に出ている。

最高裁判所は二〇〇九年五月二八日、アイフルに対する損害賠償請求を却下した福岡高裁判決に対する上告の不受理を決定した。

この事件は、二〇〇五年に、熊本で多重債務者の相談業務を行っている「大地の会」に対する電話の内容が脅迫などの不法行為にあたるとして損害賠償を請求されたもの。原告はこの電話をかけた高田誠と名乗る人物（自称高田）がアイフルの社員である若しくはアイフルの社員から依頼を受けたものであるとして損害賠償を請求したが、アイフルでは社員でもなくまったく関係がないとして争った。

熊本地裁の判決（二〇〇七年七月二七日判決）では電話をかけた人物がアイフルの社員とは特定できないものの、アイフルの社員から頼まれた人物が電話をかけた可能性があると推定し、「使用者と被用者の関係が成立する」として損害賠償金三〇万円、弁護士費用五万円の支払いなどを認めた（請求は損害賠償金三〇〇万円と弁護士費用三〇万円）。

だが、福岡高裁の控訴審では、「本件録音テープでの自称高田の発言自体は、被控訴人に対する暴言、脅迫であり、被控訴人を畏怖させることを目的としてされたといえるが、その前後の事情は、本件各証拠をもってもこれを確定することができず、同テープをもって控訴人社員ないしその意を受けた者の行動と評価するには足りないというほかはないから、本件損害賠償の主位的、予備的各請求はその証明がないに帰するというべきである」として本訴各請求を棄却した（二〇〇八年一二月二二日判決）もので、その後上告されていた。今回上告が不受理となったことで同判決は確定した。
なお、この損害賠償請求事件の元となった「録音テープ」は、法改正の議論が始まると同時に高まっていった業界バッシング報道の動きの中で、「アイフルによる違法行為の証拠」としてメディアで繰り返し流されたものである。アイフルは二〇〇六年四月一四日に三支店、二センターでの取立行為違反などに基づく行政処分を受けているが、その処分対象とこの事件は無関係。

（日本金融新聞二〇〇九年六月二〇日号より）

つまりアイフル社員が言ってもいないものを、まるでアイフル社員が言ったかのように放送したマスコミのいい加減な「でっちあげ」により、アイフルに悪いイメージが広く一般に浸透し、アイフル崩壊に決定的ダメージを与えたのだ。

▼脅迫テープの主として訴えられたアイフル元社員の激白

「話を聞けよ、じじい！」「おら！　この野郎ー！　お前らなんて潰すのなんともねえんだよ！」「お前も破産者だろ！　破産者の言うことなんか聞けるか！　撤回する文書を送れ！」「金融監督庁でも何でも行って来いッ！　野球の監督でも連れて来いッ！　バカタレッー！」「一部も二部もよッー！　借金取りにかわりはねえーよッー！　バカタレッー！」

アイフル社員が言ったのではないかとテレビから流された、尋常ならざる脅迫的な取り立てに、アイフル元社員の私は異常な違和感を覚えた。いくらなんでもここまでは言わない。というかこんなこと言ったら大変なことになることぐらい社員は徹底して教育されており、ましてや録音される可能性がある電話で言うはずはないと思った。

この脅迫テープの声の主ではないかとされ、裁判に出廷したアイフル元社員に話を聞くことができた。その話を聞くと、いかに「でっちあげ」だったかがよくわかる。

この謎の脅迫テープ事件の経緯をアイフル元社員の陳述書などをもとに整理するとこうなる。

〈二〇〇三年〉

・アイフルを利用しているOさんが生活に行きづまり、総額約三〇〇〇万円の借金の支払いが難しくなり、自己破産の申し立てをすることに。

・Oさんからアイフルの担当者Uさん(脅迫テープの声の主とされた人物の一人)に連絡。「返済するのが大変になってきたのでクレ・サラ相談所に相談している」。

・アイフルUさんがクレ・サラ相談所の担当者Yさんに電話。Yさんに対し、Oさんが破産申立予定である旨を記載した通知書をファックスしてほしいと伝える。

・アイフルに相談所より通知書届かず、翌日アイフルUさんから相談所Yさんに確認のため電話。

・相談所Yさんより、ファックスを午前中に送ったが、アイフルから脅迫的な電話があったとのこと。アイフルUさんは通知書を待っていたのだから電話はしていないし、そもそもアイフルの社員が乱暴なことは言わないと説明。相談員Yさんも「確かにアイフルさんがあんな乱暴なことを言うとは思えない」と納得し、再度、通知書をファックス。

・アイフルに通知書が届いたため、アイフルUさんはOさんの貸付書類を順調債権ロッカーから未解決案件のロッカーに移し変え。

・その後、三～四カ月過ぎてもOさんの自己破産通知なし。不審に思ったアイフルUさんがOさんに電話すると自己破産しないことになったとの話。

・Oさんは毎月五〇〇〇〇円ずつ元金のみ長期分割返済することになり、その後、完済。

〈二〇〇四年〉

・二〇〇四年九月にアイフルUさんは家業を継ぐためアイフル退職。

〈二〇〇五年〉

・Uさんは二〇〇五年秋頃、アイフル社員が脅迫的な電話をしたということでアイフルが訴えられたニュースを知ったが、まさかそれが自分が担当していたOさんの案件とは思いもしなかった。

・一〇月に熊本地裁で「アイフルによる相談員脅迫損害賠償事件」の第一回口頭弁論が行われた。アイフルUさんの上司と名乗る人物から電話があり、「脅迫的な取り立てをされた。電話は三回かかってきており、三回とも録音した」とのこと。

こうしてアイフルUさんおよびその上司のどちらかが脅迫的な電話の声の主ではないかとされ、損害賠償事件で争われている最中、二〇〇六年四月、アイフルが全店営業停止処分になった。これを機に、まるで全店営業停止処分に関連するかのように、裁判でアイフル社員かどうかが争われている不確定の事実を、アイフル社員が言ったと断定してテレビが報道し始めたのだった。

▼マスコミが作り上げたサラ金の虚偽イメージ

脅迫テープの主であるかのように報道されたアイフル元社員のUさんは、二〇〇六年当時、テレビ各局、新聞などに事実無根であることから抗議の電話を入れ、必要とあらば自ら取材に応じると申し出た。しかしどこのメディアも彼の取材申し入れを一切無視したという。

「アイフル社員かどうかもわからないテープを大々的に公共の電波を使って流し、〝被害者側〟からの言い分だけを一方的に鵜呑みにして、訴えられた側の言い分を聞きもしないマスコミは明らかにおかしい。意図的な世論誘導を感じる」。Uさんはマスコミのあまりのずさんさ、軽率なやり方に、怒りを通り越して、あきれている様子だった。

「あれだけ脅迫的なテープはアイフルだったたと報道したのだから、裁判でそれは違ったと判決が出たら、同じ放映時間だけ割いて実は違いましたと報道すべきではないか。結局、騒ぎに乗じてバッシングし、国民に一方的なイメージだけを植え付け、視聴率を稼ぐだけ稼いで、その結果報道はしない。こうして国民は真実とは違うイメージで、世の中の物事を判断するようになっている」

アイフルが全店営業停止処分にされたのを機に、アイフル社員に違いないと言われる脅迫テープを流せば、誰もがアイフルはひどい会社だと信じるだろう。あんな暴力的な取り立てはあり得ないと思った元社員の私ですら、「もしかしたらそんなひどいことをしていたのかもしれない」とどこかで心によぎってしまったのだから、一般人がマスコミによって簡単に騙されるのは無理もない。マスコミの影響力は真実でなくとも絶大なのだ。

▼サラ金はヤクザというイメージは根強い

Uさんは当時を振り返ってこう振り返る。

「メディアは一企業を潰すほどのすさまじい影響力を持っている。しかし今のメディアに社会的な使命感などない。ただ目先の視聴率がとれれば、事実を歪曲してもいいと思っている。それを脅迫テープの当事者とされたことでよくわかった」

他のアイフル元社員もメディアの姿勢に強い憤りを覚えている。

「事実を見ずに、視聴率アップのために、消費者金融＝悪という図式で語るマスコミは断じて許せない。マスコミは真実を報道してほしい。事実を歪曲した報道で一方的に消費者金融を悪と決めつけたために、何万人の社員が退職を余儀なくされ、その家族が路頭に迷っているのか、マスコミは考えたことはあるのか。自分たちの影響力を考え、慎重に事実のみを報道してほしい。それが本来のマスコミが果たす役割ではないか」

しかし残念ながらマスコミが「事実」を報道することは期待できそうにない。事実を何倍も脚色し、国民の刺激を満足するようなセンセーショナルなフィクションに仕立て上げる手法は今なお続けられている。

脅迫テープの声の主とされるUさんですら、アイフルに入社する前は、やはりサラ金というのはバックにヤクザがついている怖い組織ではないかとのイメージがあったという。

「アイフルの面接の際、なめられたら困ると思い、髪をわざわざ茶髪にそめ、ダブルのスーツで行った。するとアイフルの面接官からこう言われた。『うちは髪を染めたり、ダブルのスーツを着たりするのは禁止なんです』。入社しなければ、サラ金のイメージはずっとヤクザまがいの組織だと思ったが、入社してわかりましたが、実際は普通の会社だった」

▼アイフルと断定するには不自然だらけの脅迫テープ

マスコミが脅迫テープをアイフル社員の仕業と断定的に報じたわけだが、アイフル社員と断定するにはあまりに不可解な点が多すぎる。

第一に、テープの主は「タカダ」と名乗っており、「アイフル」とは一言も名乗っていない。一方的に電話相手の相談員が「アイフルさんですか？」と「勘違い」している様子が見てとれる。声の主とされたアイフルのUさんもその上司も姓はタカダではない。

だからといってアイフルではないと断定はできないわけだが、アイフルと一言も名乗っていない電話の音声を持ち出して、しかもその真偽が裁判で争われている段階で、あたかもアイフル社員が脅迫的な取り立てをやったかのような報道の仕方はあまりにお粗末といえる。タカダと名乗る人物が自分のことを「アイフル」だと名乗っているならともかく、それもないのにアイフル社員だと断定しまうマスコミの「捏造ぶり」は度を越している。この程度の「証拠」で企業を批判できるなら、いくらでも簡単に捏造ができるだろう。

第二に、債務者本人ではなくクレ・サラ相談会という債務相談専門の人に対して、大手サラ金が電話であのような脅迫的取り立てをすることはまずほとんどあり得ない。なぜなら録音されている可能性があると当然考えるからだ。

仮に大手サラ金が脅迫的な取り立てを行うにしても、①弁護士やクレ・サラ相談会など訴えられる可能性がある相手ではなく、法律などに詳しくない債務者本人に言う。②債務者本人に脅迫的な文言を吐くとしても、録音される可能性が高い電話口ではなく、録音される可能性が低い訪問回収時に言う。こうしたことが容易に考えられる。大手サラ金はことさらイメージダウンを恐れており、まるで訴えてくださいと言わんばかりのシチュエーションで暴言を言うはずはない。

第三に、脅迫テープの主がしきりに自己破産を撤回するよう求めているが、これについて声の主とされたUさんの上司は陳述書でこのような趣旨のことを述べている。

「破産の撤回を要求することとなんてあり得ない。なぜなら顧客が破産すると営業数値から除外されるから。営業店では管理する必要はなくなる」

店の客が破産したら自分の営業成績に響くなら、破産の撤回を強く求めるだろうが、破産しても自分の成績には響かないのだ。ならば執拗に暴言を吐く理由はどこにもない。むしろこんな暴言を吐いたことが会社にばれれば、それこそ厳しい処分が下される。アイフルの社員がわざわざ暴言を吐く合理的理由が見当たらない。

そして最後に、なぜ三年も前の脅迫テープが今になって持ち出されたのかというタイミングの不自然さもある。アイフルが全店営業停止処分になった理由とかかわりのある直近の案件ならともかく、それとはまったく関係もなく、しかも三年も前のテープが取り上げられるということ自体、「何かあやしい」とメディアリテラシーのあるものなら思うはずだ。

▼メディアに取り上げたことが「真実」になる恐ろしさ

　しかし取り上げるメディアにしても、訴える側にしても、はっきりいって真実はどうでもいいのだ。なぜなら脅迫テープがアイフルかもしれないと取り上げるだけで、真実に関係なく、アイフルに大ダメージを与えられるからだ。いわば推定有罪で話題を取り上げれば、無実のものでも有罪に見せることができる。そのような意図でやっているのではないかということが節々に感じられる。

　このテープについてあるアイフル社員は、「もちろんアイフルも一部には強引な取り立てはあったと思う。しかしあんな脅迫的なテープのようなバカな取り立てなんてまずあり得ない」と不信感を募らせた。声の主として疑われたUさんは、「アイフル社員のものかどうかもわからない三年前のテープをわざわざ全店営業停止処分のタイミングで引っ張り出してきて、アイフルの仕業だとして流せばおもしろいからメディアは事実確認もせず流したのでしょう」と語った。

　しかしアイフル社員とは無関係だということが二〇〇九年に裁判でわかったところで、もはや一度植えつけられたアイフル脅迫テープのイメージを到底ぬぐうことはできない。だから事業再生ＡＤＲになるまで追い詰められたのだ。

Ｕさんはサラ金イメージについてこんな風に説明してくれた。

「私はアイフルに実際に入社したからアイフルがまともな普通の会社だったことがわかる。でも、一般の人はヤクザまがいの怖い集団と見ている人は多いでしょう。今、アイフルをリストラされ転職活動しているかつての同僚は、サラ金に対する一般イメージのせいで苦労していると聞く。仕事の能力を評価してもサラ金出身者は『組関係の人じゃないか』と疑っている人も多い。そんな企業が上場できるわけがないのに。でもイメージを覆すことは容易ではない」

急速にサラ金の経営が悪化したのは、過払い金返還、改正貸金業法だけでなく、二〇〇六年のアイフル行政処分に端を発したマスコミによるサラ金バッシングが大きかったと、あるサラ金社員は語る。

「脅迫テープによるサラ金バッシングがあって以来、回収に対する姿勢が急速に甘くなった。世間からの批判を恐れるために、きちんと取り立てをせず、債務者を甘やかしてしまった。そのためここ数年で債権の内容が悪化し、不良債権が増えてしまった」

▼死のシルバーウィーク――アイフルまさかの事業再生ＡＤＲ

アイフルのグループ子会社に勤める二〇代の女性社員Aさんは「明日から五連休だ」とうきうきしながら、普段よりも足取り軽やかに、連休前の二〇〇九年九月一八日朝八時、いつも通り会社に出社した。

しかしそこで待ち受けていたのは思いもよらないニュースだった。「アイフル事業再生ADR申請へ」。Aさんは日本経済新聞を見てわが目を疑った。親会社が事業再生ADR？　あわてて上司の席に行き、ことの詳細を聞こうと思ったが、「俺も新聞を見てはじめて知ったんだよ」と一言。課長クラスの上司も知らなかったようだ。「連休気分は一挙に吹き飛びました」とAさんは当時の様子を語る。

「新聞報道が先行しているのに、この日は会社からまったく詳しい説明はなく、連休中、ずっと気分は最悪でした。会社がこの先どうなってしまうのだろうか不安で不安で……」

Aさんは二〇〇七年に入社したばかりの社員。まさかここまで会社が悪くなっているとは思いもしなかったという。

連休明けの九月二四日。事業再生ADRの詳細を知らされず、不安を覚えながら出社した社員たち。アイフルから事業再生ADRの正式申込とリストラ計画が発表され、新聞などでも大々的に報じられた。その内容は衝撃的だった。

▼社員半数リストラの恐怖

社員半分リストラ――。

アイフル本体では社員総数二六八一名のうち希望退職者約一三〇〇人を募集。社員をほぼ半分にリストラする計画が発表された。アイフルグループのなかでも社員数が多い子会社のライフでも、社員総数一四四五名のうち希望退職者約七〇〇人を募集。こちらも社員半減の大リストラだ。アイフルグループのなかでこの二社だけ合わせても二〇〇〇名の社員を一挙にリストラする、想像をはるかに超えた大粛清だった。

人員削減だけでなく店舗も大幅に縮小することが発表された。アイフル店舗の九三三店舗中二五三店舗を閉鎖。ライフに至っては全一一支店を全廃するという、社員にとっては衝撃的な内容だった。

アイフルグループに勤めるある社員は、リストラ計画が発表した時の様子をこう語る。

「事業再生ADRと大リストラ計画が発表され、社内では先行きのない会社に対する閉塞感ムードが充満していた。さらに新聞の方が情報が早いことに、会社に不信感を募らせていた社員も多かった。なぜ社内で先に説明がないのだろうかと」

大リストラ計画が発表されたライフでは、七〇〇人もの希望退職枠に対して、定員以上の希望があったという。今、辞めれば多少なりとも退職金を上乗せされるかもしれないという期待や、沈みかけた船からいち早く脱したいという思いでいっぱいだったのだろう。

ところが廃止店舗や廃止部署の社員を優先的に強制退職させる方針であったため、退職を希望しない社員が希望退職するよう迫られ、退職を希望している社員が退職できないといった混乱も生じた。廃止部署に該当しない社員は、退職希望をしても、希望退職枠定員オーバーを理由に自主都合退職扱いとなり、希望退職の優遇措置を受けられない事態も発生した。しかし希望退職枠に入らずとも、若い社員のなかには自主都合退職する人も多かったという。

寝耳に水の事業再生ＡＤＲに会社から逃げる社員の必死さがわかる。ただ社員のなかには、「退職したいが転職先が決まらない限り、会社を辞めたくても辞められない」という人も多かったそうだ。サラ金は潰しがききにくい職種。しかも同業他社も火の車で人を雇うどころではない。「お客さんでリストラされてお金に悩んでいる人は多いが、まさか自分たちが同じ目にあうとは思いもしなかった」とあるサラ金社員はしみじみと語った。サラ金社員もまた一介のサラリーマンでしかなかったのだ。

事業再生ＡＤＲを機に、アイフルを希望退職したある男性社員は、新卒で一一年勤めて退職金は約三七〇万円だったという。新卒で一五年勤めたある男性社員は約七〇〇万円。社員によって多少のばらつきはあるが、希望退職しても、到底、退職金だけでは食ってはいけず、この先、転職しなければ生きていけないというのが現実だ。

▼辞めるに辞められないが未来もないサラ金業界

「今、希望退職しても、この程度の退職金だけではこの先、食っていけない……」

そう嘆くのは中堅貸金業者に勤める三七歳の男性社員。大手サラ金勤務で数年前に希望退職した人なら、部長クラスで退職金は約一億円、課長クラスでも三五〇〇万円程度はもらえたと言われており、辞めて職がなくても生活には困らない。しかし、中堅貸金会社ゆえ多額の退職金は期待できない。せいぜいもらえて一〇〇〇万円程度という。子供が二人いて、住宅ローンもある。辞めたところで転職できるあてはない。一〇〇〇万円もらってもとても一生は暮らしてはいけない。

彼はこの二年間、転職活動をし、二〇数社の面接を受けたが、どこにも採用されなかったという。金貸しの経験しかない彼をまず異業種は雇ってはくれない。かといって同業はリストラ真っ只中で新規の採用などない。仮にあって転職できたとしても、この業界にいる限り明るい未来はない。

「ヤミ金をすることも考えたが、妻も子供もいるので、お縄になる可能性のあるヤミ金をするわけにはいかないと思い止まった。この先、リストラされ、転職もできなければ、妻の実家が田舎で酒屋をしているのでそこを頼るほかない……」

ほぼ同世代の中堅貸金業者に勤める男性社員もこうもらす。

「いつリストラされてもおかしくはない状況にいることはわかっている。だから毎日がものすごく不安だ。これまで一〇数年、金を貸し、取り立てるということしかやってこなかった。リストラされて転職するとしたら、やはり金融業界以外は就職は無理だと思う。でも金融はどこも厳しい状況。金融が無理なら土方になるしかない。妻もいるし子供も二人いる。何かで稼ぐしかない。かつて商工ローン会社に勤めていた時は、毎日深夜二時、三時まで仕事をしていたことを考えれば、多少の労働条件が厳しいところに入っても、四〇歳過ぎたとはいえまだまだやっていけると思う。ただ部長クラスなら転職は容易かもしれないが、部下もほとんどいない、大きな実績もない課長クラス以下の社員の転職は厳しい。面接で示せる実績がない。『部長ぐらいなら話を聞いてやるけど、課長クラスじゃね』と露骨に嫌味を言われたところも面接であった」

サラ金社員は、いまや会社を辞めるも地獄、会社を辞めないも地獄。「これまで儲けてきたから当然の報いだ」と言えばそれまでだが、路頭に迷うサラ金社員が増えれば、失業者も増え、税収も減り、景気悪化に追い討ちをかけかねない。サラ金社員を助けるべきだとは思わないが、不条理な理由で経営悪化に追い込まれて職を失う人たちがいるのは、社会不安につながる恐れもある。

▼ヤミ金にもなれないサラ金社員

リストラされたサラ金社員が転職できず、職に困った際、最も手っ取り早いのがヤミ金を始めることだ。ヤミ金の需要は規制が強化されればされるほどあり、金貸しのノウハウがあるサラ金社員が最も始めやすい商売だ。

ただ一番の問題は金主（スポンサー）探しだ。リストラされたサラ金社員がヤミ金をするかについては、ヤミ金業者は懐疑的だ。

「普通のサラ金勤めのサラリーマンにヤミ金は無理じゃないか。まず金主を見つけなきゃいけない。金主といってもヤバイ連中が多い。そういう人から年利二〇％で資金を調達する。返せなかったら命が危ない。またヤミ金は命がけで金を貸している。サラ金勤めのサラリーマンにそこまでの覚悟はないんじゃないか。しかも最近はヤミ金専業は減っている。振り込め詐欺や競売物件の転売など、事業を多角化していかないとなかなかやっていけるもんじゃない。そこまでの才覚があるサラ金社員はほとんどいないんじゃないか」

ヤミ金にもなれず、職に困るサラ金社員は今後も確実に増えるだろう。サラ金社員のなかには会社の状態が悪くなり、自分がリストラされたのは、弁護士や銀行のせいだと恨みに思っている社員も多い。理不尽なサラ金潰しに憤りを感じた元サラ金社員が、それこそ過払い金弁護士事務所を襲うといった事件が起きないとも限らない。サラ金社員はそこまで追いつめられている。

一方、同じサラ金社員といえども、転職活動に苦労していない社員もいる。三六歳の元サラ金社員は、サラ金を希望退職後、二ヶ月で不動産関連企業やサービサー（債権回収代行会社）の内定をもらっていた。

「年収は今より二〇〇万円ぐらいは下がるかもしれないが三年か四年ぐらいで元に戻ればいい。私の場合は不動産金融やサービサーにも出向していた経験があるので、そう転職は難しくなかった」

個人の小口融資の電話回収や訪問回収をしていただけでは、たいしたスキルとは評価されず、なかなか転職先もないのが現状だが、法的な回収や不動産絡み、企業絡みなど様々な案件の回収をしているごく一部の社員は、転職先の範囲も広がり、それほど労せず就職できるようだ。

しかし残念ながらこのような経歴を持つサラ金社員はそう多くはない。

▼サラ金社員も借金返せない？

「年収が減ってしまったので、返済計画を見直したいのですが……」

あるノンバンクに泣きついたのは、なんと大手サラ金の社員だった。グレーゾーン金利の過払い金返還請求でサラ金経営は火の車。サラ金で働く社員は給与カット、ボーナスカット、残業カットで年収は急激に大幅ダウンした。借金の怖さを知っているはずのサラ金社員までもが、資金計画が狂って金を返せない事態に陥っている。

金の貸し借りのプロであるはずのサラ金社員が金を返せないほど追い込まれる異常事態。サラ金社員といえども、所詮はどこにもいる一介のサラリーマンに過ぎない。一般企業の社員と同じように、マイホームは住宅ローンで購入し、自動車もローンで購入している。思わぬ事態で返済計画に狂いが生じれば、それを補うため、足りない分をクレジットカードのキャッシングで金を借りている人もいる。

借金が返せなくなったサラ金社員は数年前まで年収は五〇〇万円あったという。しかし過払い金返還の最高裁判決が出ると業界の状況は一変。社内ではリストラの嵐でどんどんクビを切られる事態になった。この社員はクビにはならなかったものの、年収は三〇〇万円台まで落ち込んだという。特にボーナスカットが強烈で、住宅ローンのボーナス払い比率が高かったため、当初の返済計画がきつくなり、とても払えない状況になり、金貸しのプライドも捨てて、借りているノンバンクに泣きついたというわけだ。

しかし泣きつかれたノンバンク業界も同様に泣きたい状況だ。ある大手カード会社では、二〇〇九年四月から残業が全面禁止となった。カード会社の社員は「ボーナスも半減、残業もできないため、社員の平均年収は八〇〇万円ぐらいは下がったのではないか」と語る。この社員は急な収入減のため、土日になるとスーパーの試食コーナーのアルバイトをしたりしているという。

金を貸し、取り立てる側のサラ金社員が金を返せないという皮肉。自業自得といえばそれまでだが、サラ金で働く社員までもが借金の支払いができないところまで追い込まれている。

▼サラ金業者も金を返せない

金を返せないのはサラ金社員だけではない。サラ金会社本体も金を返せない事態に陥っている。アイフルの事業再生ＡＤＲは二〇〇九年一二月に成立した。債権者集会に集まった取引金融機関はなんと六五にも及ぶ。金を返せなくなったアイフルは六五の取引金融機関に対して、二〇一〇年九月まで約二八〇〇億円の借金の返済を猶予してもらうことになった。その代わり社員数半減と、二七〇店舗の閉鎖というこれまで以上の大規模リストラを断行した。

しかしそれで問題は解決するのだろうか。単に延命措置をしただけに過ぎず、猶予してもらった借金をきちんと返済できるのかは未知数だ。依然として過払い金返還が続くと予想され、さらには改正貸金業法施行で新たな売上はほとんど見込めない絶望的な状況だ。「リストラではなく倒産した方がよかったのではないか」という社員もいるが、あるサラ金社員は「サラ金の突然死は取引金融機関が困るから、ソフトランディング倒産を目指しているのではないか」と見ている。

結局、サラ金もまた債務者と同じ自転車操業する債務者。銀行から金を借りて金を貸す。その貸した金が返ってこなかったり、過払い金で返せなんて話になれば、当然、銀行から借りた金は返せなくなる。

▼サラ金が潰れれば銀行も困る

サラ金の財務状況が悪化しようが関係ないと思う人も多いかもしれない。しかしサラ金は銀行から金を借りて営業している。つまりサラ金が潰れれば、銀行の不良債権が増え、そのつけはあらゆる形で国民に回ってくる可能性もある。アイフルの大口債権者は、住友信託銀行九〇八億円、あおぞら銀行五五二億円、農林中央金庫一六五億円、第一生命一一三億円、広島銀行一一一億円、中央三井信託銀行九六億円、みずほ信託銀行九一億円となっている（二〇〇九年九月二四日時点）。

銀行の軍門に下らなかった武富士も借金を約束通り返せない「債務不履行」状態に陥ったと報道された。新規融資は停止し、借金返済の減額・猶予・借り換え・分割返済などに奔走している。まるで多重債務者のような有り様だ。

経済がおかしくなる元凶のほとんどが銀行の経営状態悪化だ。日本のバブル生成と崩壊しかり。リーマンショックによる金融危機しかり。金融機関の財務状況悪化が、経済の金繰りをおかしくさせ、経済社会を破壊するすさまじい影響力を持っている。そのため銀行が不良債権を出せば、公的資金の投入などにより税金で助けられることにもなりかねない。

サラ金がきちんと債務者から金を取り立てなければ、サラ金は銀行に金を返せなくなる。銀行がサラ金から金を返してもらえなくなれば、その分、他企業の貸し渋り・貸し剥がしをして帳尻を合わせようとする。銀行が絡んでいるだけに、他の企業や国民にもサラ金のとばっちりが回ってくるかもしれない。

経済とは金が回ること。景気が悪くなるのは金がうまく回らず、どこかで詰まってしまうから。金を返さない債務者から取り立てができなければ、そこで金が詰まってしまい、そのつけは連鎖のように社会全体に及ぶ。

サラ金で回収の仕事を行う女性社員はこう語る。

「借金の取り立てはひどい仕事ではない。借りたお金をきちんと返してもらう大事な仕事です。回収の仕事に対して悪いイメージばかりがつきまとうが、回収する人がいるからこそ、世の中のお金が回り、経済が循環すると思うのです。回収の仕事への社会的意義をもっと理解してほしい」

彼女は同期が次々と回収の仕事がイヤになって離職していくなか、回収の仕事に社会的意義を見出すことで、なんとかこの仕事を続けようと努力している。

大げさに聞こえるかもしれないが、規制強化によるソフトな回収促進は日本経済全体に影響を及ぼす。それでも金を返さない客に厳しい取り立てをすることは悪だと批判できるのか。金を返さない人が悪いという大原則がないがしろにされようとしている。目先の偽善だけでサラ金の批判をする前に、経済の仕組みを考えたうえで、サラ金が許されるべき取り立ての範囲を考えなければいけないと思う。弱者保護はかっこいいかもしれないが、債務者に甘すぎる今の状況はあまりに不健全。サラ金発の不景気が起きないとも限らない。

▼サラ金社内に渦巻く世代間不満

サラ金社員のなかで、今、会社が潰れて困らない人も多い。五〇代や六〇代の社員だ。ある若いサラ金社員は年配社員への不満をあらわにした。

「若い社員と年配社員の間には明らかに温度差がある。二〇代、三〇代の社員はこの先も働いて食っていかなくてはならないから必死だ。しかし今、会社を動かしている経営層は、この先、会社が潰れたとしても、自分の生活は困らないし、これまで存分に報酬をもらってきたから、この危機的状況のなかで何とか企業や業界を存続させようという気概がない。だから後手、後手に回り、どんどん企業の財務内容は悪化し、それに不満を持つ若い社員は、企業の未来を感じることができず、逃げ出していく状況が続いているのではないか」

結局、若い世代にツケが回されている。勝ち逃げ世代との温度差がサラ金内部を蝕み、この苦難に際して社内は空中分解している様子が伺える。

サラ金という職業は社会的意義を持ちにくい仕事。外からのイメージも悪い。ただそれでも成長企業で給与がしっかりもらえているうちは社員をつなぎとめることができた。しかしサラ金を潰そうという動きが活発になり、財務状態が悪化している今、金というモチベーションを失った経営陣も社員も働く拠り所を失い、右往左往している状況なのかもしれない。

第四章

モラルなき債務者、萎縮するサラ金

——迷走する貸金業界

▼債務者のモラルも急低下

借りたものはきちんと返す。これは当たり前のことであり、こと日本人においては返済意識が高く、債務者のモラルは高いと言われてきた。しかしここに来て、債務者のモラルが急速に低下している。それは過剰とも言えるほど、「金を貸したサラ金が悪い」と裁判所、弁護士、官僚、政治家、マスコミがサラ金をバッシングし、規制強化でがんじがらめにしてきたからだ。

特に過払い金返還の影響が大きい。今まで出資法に基づく合法な契約だったはずが、最高裁判決によって法律がまだ改正されていない段階でも、「違法」とされたことで、債務者のサラ金に対する態度が急変したという。過払い金問題が弁護士・司法書士の広告によって広く認知されるようになり、金を返さない債務者の態度が大きく変わっていった。

回収を担当している二〇代女性社員は債務者の変化をこう嘆く。

「返済が遅れている方に催促すると、『おまえらの会社は違法な金利を取っているくせに、偉そうなことを言うな！』と逆ギレされたりすることが増えました。返済期日までにきちんとお支払いがないから電話を掛けているのに、そんな風に怒られるなんて。そもそも違法な金利をとっているわけではないのに……」

この会社では初期延滞者への対応はほとんど女性が行っている。男性から電話を掛けるより、ソフトな対応ができるからだ。しかし返済期日を守らない客から罵声、暴言を浴びせられることは毎日のようだ。支払いが遅れている客に「今後、どのようにお支払いを考えていますか」と女性社員が債務者に聞いたところ、「なんだと！　貴様！　ぶっ殺してやる。今からそっちに行くからな」と脅されたことも一度や二度ではない。

「お客様からこのように脅されることも度々あります。だからどんどん社員は辞めていってしまいます」と女性社員は話す。

横暴な債務者は今に始まった話ではない。私も一〇年前にサラ金に勤めていた頃は、債務者からヤクザや右翼の街宣車を呼ぶだの、ぶっ殺すなどの罵声はあった。しかしそれはごく限られた客で、ほとんどの客はサラ金に対して恐怖感を覚えていたように思う。でも昨今は立場が逆転してしまった。

借りた金を返さない。返さないから電話を掛ければ逆ギレする。過払い金請求の弁護士ＣＭなどをきっかけに、まるで金を貸した方が悪で、金を借りた方が善といったイメージが植えつけられているせいか、金を返さなくとも後ろめたさを感じず、督促した若い女性に罵声を浴びせる、勘違いした債務者も増えている。

▼「お支払いしてください」すら言えない取り立ての現状

サラ金はヤクザ顔負けの過酷な取り立てをしていると一般的には思われている。しかし最近の大手サラ金は過酷どころか、金を返さない客に「お支払いしてください」とすら言えない状況だ。

なぜそんな状況になったのか。きっかけは二〇〇六年にアイフルが全店営業停止処分されたことにある。一罰百戒ともいえる厳しい処分は、アイフルはもちろん同業他社も震え上がった。以来、大手サラ金では回収マニュアルが今まで以上に厳格化されるようになり、過剰反応といえるほど、まともな取り立てができない状況になってしまった。

アイフルグループのある会社ではこんな回収ルールが定められている。

「〇日までに必ずお支払いください」はNG――。

一体何がダメなのか。まず「必ず」はNGワード。客に支払いを強制するような強い言い方だと取られかねないからだという。さらに「払ってください」も言ってはいけない言葉。命令形はダメだというのだ。言う場合には「お支払いお願いします」といった依頼形にしなければならない。

私はこの話を聞いて耳を疑った。こんなことでは返済が遅れた客から金を返してもらえるわけがない。もちろん違法な取り立てはしてはいけないが、金を払わない、いい加減な客に「払ってください」とも言えず、「お支払いお願いします」では、まともに支払ってもらえるとは到底思えない。

▼優しすぎる取り立ては債務者のためにもならない

矛盾しているように聞えるかもしれないが、あまりに優しすぎる取り立ては、実は債務者のためにもならない。取り立てで厳しく言わなければ、返済がずるずる遅れることになり、その分、延滞利息はかさんでしまう。返済遅れを安易に許せば、返済意志が次第に薄れていき、借金に対する罪悪感がなくなり、より借金を増やしかねない。

また延滞者が増えれば増えるほど、貸す側の資金繰りはますます苦しくなり、新規の融資を断ったり、またきちんと金を返している客の金利を安くできなくなったりもする。誰かが金をきちんと返さなければ、そのつけは誰かが背負わされることになるのだ。

サラ金のイメージダウンを恐れるあまり、サラ金に対する過度なバッシングが多いあまり、業界としては最善を尽くした反応なのだろうが、これでは金を貸すという本業はまともにできない。こんなことをしていたら、返済遅れの不良債権が増えてしまい、会社の財務内容が悪化するのは目に見えている。

これまでサラ金業界では「返済が遅れた客は客じゃない」というのが常識だった。だから約束を守らない客は〝厳しく〟接してきた。なぜなら客の〝信用〟で金を貸しているからだ。約束を守らない客まで過度なお客様扱いするのは、健全な金の貸し借りができなくなる恐れがある。

しかし二〇〇六年のアイフル全店営業停止処分という見せしめにより、サラ金業界の取り立てはどんどんソフトになってしまっている。少しでも揚げ足をとられるようなことを言ってしまえば、また「強引な取り立てをしている」とメディアに過大に騒がれ、取り返しのつかない事態になってしまうからだ。

▼回収のやりとりはすべて録音され上司にチェックされる

サラ金では過剰な取り立てがないよう徹底チェックしている。ある会社では電話回収のやりとりをすべて録音しており、社内のモニタリングチームがすべてチェックしているという。そこで少しでもキツイ言葉があれば、すぐに指摘される。注意が多ければボーナス査定にまで響くという。回収担当者はろくに取り立てなどできない状況で、ひたすら金を返さない横暴な客に「お願いします」とひたすら頭を下げるだけだ。

その一方で、社内では回収目標がしっかり決められている。回収目標金額が達せられなければ、それはそれで叱られる。ある回収担当者は「ソフトな回収で回収目標を達成するのは不可能。ソフトな対応を強いるのなら、回収目標を低めに設定してほしい」と嘆く。

優しすぎる取り立ては、債務者をますます横暴化させる。「金を借りる客が偉くなった」「以前より横柄になった」と現役サラ金社員たちが口々に述べていた。昔は借金に対して後ろめたい気持ちがあったが、今はそんな気持ちを持つ債務者は少ない。「金を借りてやる」という意識が強い客が多いという。その結果、金を返さなくても平然とする客も増えたのだろう。

貸す側への過度なバッシング、サラ金のイメージアップ戦略と過剰サービスが、借金に対する後ろめたさを薄れさせ、結果として多重債務問題を悪化させていることにつながっている。ヤミ金に借りて生きるか死ぬかの瀬戸際まで追い込まれなければ、借金をしたことの重みをわからない債務者が増えている。

▼過払いしても借金ぐせが治らない債務者

過払い金返還請求して金が戻ってきても、それを機に借金を返済するわけでもなく、新たにもっと金を貸してくれと言う客も多いという。借金が返せなくなり自己破産したにもかかわらず、一年もすると平然と「また金を貸してくれ」と言う人も増えている。

借りた金を返すという義務は果たさず、過払い金返還は請求し、自己破産した挙句、金を借りる権利はあると豪語する債務者。貸す側のみをバッシングしてきた社会の歪みが出始めているのではないか。特に過払い金という本来あり得ない「特需」が債務者の返済意識を薄れさせた。その記録も金融庁の提案によって抹消されるとなれば、借りる側のモラルもくそもあったものではない。

昔と違って金を借りる側の「後ろめたさ」は薄れている。金を借りて返せなければ、貸す側が悪いと批判し、自己破産して借金をチャラにし、また平然と借りにくる神経が蔓延している。

「借りぐせのついた人間は病気なんですよ。借金病という。しかもまず治らない。多重債務問題の解決を目指すなら、貸す側の規制強化だけでなく、借りる側の再教育・カウンセリングが必要。でもそういうことを役人も弁護士も面倒だから一切やろうとしない」（サラ金社員）

借りぐせのついた病人の治療は行わず、それどころか借りぐせを助長させるような政策を次々と打ち出すことで、多重債務問題の闇は永遠に繰り返されていきそうだ。

▼自力で借金を返済する気のない債務者が増える

多重債務者の無料相談を行うNPO法人の理事は、最近の債務者の相談の変化をこう説明した。

「最近は少額の債務でも相談に来るお客さんが増えた。以前ならサラ金四、五軒から借りて二〇〇万〜三〇〇万円の借金があって困っているという人が多かった。ところが最近は二、三軒から借りていて一〇〇万〜一五〇万円の借金で相談しにくる人が増えた。返済能力にもよるが一〇〇万〜一五〇万円程度の借金では自己破産を認めてくれない場合が多い。本当にもう支払えないのか。どこかで働けば返せるんじゃないか。そういうことを考えなくなった債務者が増えていると感じる」

ただし債務者が横柄になったのはサラ金自身にも問題がある。本来、金を借りるというのは恥ずべき行為であり、借りた金は返すのが当たり前というモラルがかつてはあった。しかし大手サラ金はチェーン展開とソフトなイメージ広告、そして無人機やネット振込みといった客の利便性を追求した結果、なんとも皮肉なことだが、債務者の返済意識を薄れさせ、自分の首を絞めることになったのではないか。

借り入れモラルのない横暴な客や金を返さない客の増加。他社と差別化できることはもはや金利しかないという価格競争化。大手サラ金を筆頭に、ソフトなイメージで気軽に借金をさせる環境をつくってきたことが、金にだらしのない一部の人間や、本当に金に困った利用者以外の人を増やし、ある意味では、多重債務問題や過剰融資、過剰取り立て問題を生んでしまったとも考えられる。

▼多重債務問題の元凶はサラ金ではなくギャンブル

多重債務問題を本気で解決したいのなら、サラ金を規制強化するより効果的な施策がある。ギャンブルの広告を禁止することだ。

あるサラ金社員はしみじみこう語った。

「世の中ってよくできていますよね。サラ金のテレビCMが激減してテレビ局は大打撃を受けたからなのか、その代わりにパチンコCMを解禁して穴埋めする……。テレビ局のモラルなんてあったもんじゃない。パチンコをする人が増えれば、サラ金利用者が増えるのは目に見えているわけで」

サラ金を利用する多くの理由がギャンブルだ。なぜならギャンブルとサラ金の相性がいいからだ。多重債務者が借金してまでギャンブルにはまるのは、金がなくても大金が手に入る可能性があるから。ギャンブルがなくならない限り、永遠にサラ金はなくならない。

ギャンブル依存症についてはアイフル社長自らがこんな発言をしている。

「多重債務で悲劇的なことになるのは依存症の人が多い。我々の業界に言う前に、競輪や競馬、賭け事などへの依存状態を何とかしないと完治しない」(日本経済新聞二〇一〇年二月六日)

サラ金を規制強化してもギャンブルがこの世にある限り、金貸しはなくならない。ギャンブル依存症は世界保健機関(WHO)では精神疾患と認定している。病気を助長させるような広告が堂々と社会に垂れ流されていることを問題視しない日本社会はどうかしている。

ギャンブルの魅力は貧乏人が金持ちになれる可能性があること。この先、まじめにコツコツ働き、少しずつ貯金したところで、給料は上がる見込みもないし、財産が築けるわけでもないし、それどころかリストラされる可能性だってある。毎日、苦しい思いをして働いているのに、なぜ報われないんだと。

スキルを身につけて高給職に転職するとか、自分で事業をはじめたいと思ったところで、そんなことは万人が早々できるものではない。しかし誰でも簡単に一発逆転できる方法がある。ギャンブルだ(投資も含む)。

給料がいきなり二倍になることはあり得ないし、貯金が二倍になることもない。しかしギャンブルならそれが可能だ。いや、それどころか、一〇倍、二〇倍になる可能性だってある。そこで楽して儲けようと、一攫千金の夢を追い求めて、ギャンブルに手を出す人がいる。

▼勝てば返せるかもという思いが借金をエスカレート

しかしギャンブルには元手＝軍資金が必要だ。金がない人が賭けられる額は限られている。たとえば生活に無理のない範囲で、ギャンブルに賭けられる金が一万円とする。競馬でこれは絶対に勝つという馬がいて、当たれば二倍になる。一万円をこの馬に注ぎ込んで、見事当たれば、二万円になって返ってくるが、これで満足できなくなる人は多い。

「せっかく俺は当てたのに一万円の儲けしかないのか。もし一〇万円賭けていれば二〇万円になったのに……」

こうしてギャンブルをはじめると掛け金のエスカレートの誘惑が待ち受けている。ギャンブルは軍資金の額によって儲ける金額が大きく変わるからだ。

一万円賭けていた人が無理して一〇万円賭ける。当たればいいが、当たらなければ一〇万円の損になる。そこで「やっぱりギャンブルで金を稼ごうというのが間違っていた。もうギャンブルはやめよう」と思う人は稀だ。一〇万円負けて、どう思うか。「よし今度のレースで取り返してやるぞ！」。これが多くの人の心情だ。

こうして負けた金を取り戻すために、軍資金を多く注ぎ込みたいが、軍資金がない。そこでサラ金が登場する。無担保、資金使途不要で、すぐに金を借りられる。利子が高いとはいえ「当たったら儲かるんだから、それですぐ返せばいい」という発想になる。

ギャンブルにはまって多重債務に陥ったある女性は「借金をしたのがバレるのが怖くて、お金を少しずつ借りながら生活費を捻出し、ギャンブルでお金を増やそうと思った。その結果、より借金が増えてしまった」と語る。

収入の見込みがなければ、普通の人は借金しない。しかしギャンブルは違う。当たれば返せるのだ。この「当たれば」が曲者である。当たればいいが、当たらなければ借金だけが残る。こうしてギャンブルとサラ金のベストカップルが、一人の人生を破滅に追い込んでいくのである。

ちなみに投資もまったく同じだ。ギャンブルと同じで、利益を極大化するためには、①投資額を多くする、②レバレッジを効かせる、の二つしかない。二〇〇八年九月の金融危機で明らかになったように、外資系金融機関ですら、レバレッジの罠に陥り、金儲けをするために、借金を膨らませて破綻してしまったわけだ。投資で借金を背負う人は個人にも増えている。主婦が手軽にレバレッジ=借金をかけて、ＦＸ（外国為替証拠金取引）に夢中になり、大損している人もかなり多いだろう。

ギャンブルがなくならない限り、どんなにサラ金の規制強化をしてもほとんど意味がないと言える。

▼多重債務者は何度も借金を繰り返す

借金病患者は過払い金で一度完済したところで、借金病そのものは治っていないため、また安易に借金して多重債務に陥ってしまう。その繰り返しをしてしまう債務者が多い。

多重債務経験を持つ女性は、一度、多重債務から抜け出したにもかかわらず、再び借金地獄に陥ってしまった。はじめは借金が七〇〇万円まで膨らんだところで自転車操業ができなくなり、支払い不能に。ヤミ金に借りるか、自己破産するかしかない状況のなか、親戚が退職金の一部を使い、代位弁済してくれた。

借金がゼロになった開放感からか、彼女は再び借金に溺れるようになる。パチンコにはまるようになったのだ。なぜパチンコにはまってしまったのか。この女性はこう説明する。

「親がパチンコで『今日は〇万円儲かった！』とよく言っていたので、自分もやってみたら、ことごとく的中してたんです。それで気をよくして、はまってしまい、知らない間にどんどん賭けるお金が増えていった。それでも、パチンコやスロットの液晶で繰り広げられる演出を再び見たいがために、どんどんお金をつぎ込んでいった。パチスロにはある一定の回数でボーナスを出す『天井』が存在していて、そこから連荘《レンチャン》すれば大逆転でプラスになることもある。でもだいたいはマイナスで終わってしまう。そんなパチンコに溺れる毎日を繰り返していれば、借金が再び膨らんでしまうのは当然です」

パチンコをするための資金がもっと欲しい。ちょうどタイミングよく、以前、金を借りたサラ金業者から「また借りませんか?」と電話が掛かってきた。「ちょっとくらいなら大丈夫だろう」。その安易な気持ちが再び借金の蟻地獄にはまるきっかけとなった。気がつけば、毎月、給料の七割が借金返済のために消えていっていることにがく然としたという。

今はパチンコをやめ、これ以上は借金はせずに自力返済中だという。

「とにかく今は、借金を返済するためには、一生懸命、働くしかない。病気になって働けなくなったら、自己破産するしかないけど、元気なうちはとにかく働いて返済する。その間は、絶対に借金の借入件数を増やしてはいけない。融資枠が増えても、絶対に手を出してはならない。そうすれば、いつかきっと地獄の日々から抜け出せる日が必ず来る……」(多重債務経験のある女性)

彼女がギャンブル依存症から脱することができたのは、「ギャンブルに今まで賭けたお金で、一体、何が買えるか、一度、冷静になって落ち着いて考えてみたんです。それを考えたらギャンブルをやめることができました。ギャンブルやめた方がいろいろ買い物できると思えたから」だという。

「それに多重債務で苦しんでいると、恋愛も結婚もできなくなる。好きな人の胸に素直に飛び込むことができなくなってしまう。借金していることがバレたら『この女と付き合ってはいけない！』と思われる可能性もある。借金しているせいで、社会で堂々と生きていけないことほど辛いことはない。だからなんとか借金地獄から脱出しようと決めました」

彼女のように二度目の失敗で心を入れ替えられる人はいいが、そう意志の強い債務者は多くないというのがサラ金に勤めていた私の実感だ。

▼ギャンブルをやめれば金を返せる

大手サラ金で取り立てをやっていた元社員は、債務者の性質をこんな風に分析した。

「本当に金が払えなくなる人なんて私の感覚からすれば一〇〇人中五人ぐらいしかいない。あとの人は払えないんじゃない。お金を支払う優先順位が①ギャンブル、②女、③酒、④サラ金になっているから払えないだけだ。ギャンブルやめればお金は返せるんです。だから取り立てではそこをお客さんに説明する。だから返してもらえる。脅迫的にただ支払えなんてバカな取り立てはしたことはない」

資金使途が明確な場合には、きちんと返済してくれる確率は高いが、資金使途自由になると客の質が急速に悪くなると、クレジットカード会社の回収担当者は語る。

「キャッシングローンのお客様とショッピングローンのお客様ではまったく質が違う。ショッピングローンは物を買うために借金したという目的がはっきりしているので、それほどひどいお客様はおらず、まじめにきちんと返済してくれる方が多い。しかし資金使途自由のキャッシングとなると客層はひどい。競馬、パチンコなどのギャンブルで使う方がほとんどではないかというのが実感です。貸したお金が、生活に困った時やいいことに使われるのならいいと思うが、残念ながら実態は、お金を貸すことでいいことに使われる機会を奪っていると思うと、お金を貸す仕事に対して社会的意義を持って働くことがしにくい」

なかにはこんな問い合わせもあるという。

「母親から電話があり、『もう息子には金を貸さないでほしい。金があればまたパチンコに行ってしまうから』と嘆きの電話がありました。家族からこれ以上、お金を貸さないでくれという電話はよく掛かってきます。しかしそれを言うなら、私たちではなく本人に、もしくはパチンコ会社に言ってほしいと思うのですが……」

サラ金やカード会社がギャンブルの軍資金キャッシュ・ディスペンサーと化している。サラ金規制強化だけでなくギャンブルの規制強化を真剣に考えるべき時期に来ているのではないだろうか。

▼住宅ローンが多重債務問題のすべての原点

多重債務問題がサラ金の規制強化ではなくならない理由。それはギャンブルともう一つ、住宅ローンの存在だ。住宅ローンがある限り、多重債務問題は解決しないし、金を借りたいというニーズもなくならないだろう。

思えば住宅ローンとは不思議な存在だ。改正貸金業法では年収の三分の一までしか借金してはいけないと決められているのに、年収の七～八倍もの大借金を背負わされる住宅ローンを暴利だという人は誰もいない。しかも総量規制の対象にもならない。

これについてサラ金社員はこう指摘する。

「日本人はなぜ住宅ローンには寛容なのに、サラ金だけに厳しい目を注ぐのか。少額で高金利のサラ金から金を借りるより、低金利とはいえ三〇年もの長期にわたる住宅ローンの返済は相当リスクが高い。住宅ローンという莫大な借金を背負わされたサラリーマンがいる限り、多重債務問題はなくならない」

ギャンブルをしないまじめなサラリーマンであっても、不景気により給与減、ボーナス減になれば、真っ先に苦しくなるのが住宅ローンの返済だ。金融危機後の住宅ローンの返済見直し相談は急増しており、二〇〇七年に二〇〇〇件前後だった相談件数は、二〇〇八年には三〇〇〇件以上に急増した（国民生活センター）。

急な収入減でも住宅ローンが返せなくなってしまったら住む家を失ってしまう。こうした時に頼らざるを得ないのがサラ金だ。サラ金から借りてでも住宅ローンの返済を補うなり、生活費を補わざるを得ない。

景気が回復し、給料が元に戻ればサラ金の返済もできるだろう。しかし今の日本の情勢では、一度下がった給料が元に戻るのは極めて困難だ。こうして低所得者でもなくギャンブル依存症でもない、普通のまじめなサラリーマンがサラ金を必要とし、借金漬けにされていく。借金のあてがなければ、サラ金で住宅ローンの金を返すために借金をし、自転車操業に陥る。

▼命を担保にとる住宅ローンが自殺の原因

そして自転車操業が息詰まれば自殺だ。よくマスコミはサラ金を批判する際、「生命保険に入らせ、命まで担保にとっている」と指摘していたが、銀行の住宅ローンこそまさに命を担保にとっている。団体信用生命保険である。

住宅ローンを組む際には生命保険に入らされる。万が一、ご主人が亡くなったら、残された家族が困らないよう、保険金を借金返済にあてましょうというものだ。

サラ金の取立てが厳しいから、自殺してしまう人が多いとか、サラ金は命を担保にとっているから取立てが厳しいと言われているが、命を担保にとっているのは別にサラ金に限ったことではなく、住宅ローンだって同じことだ。

不景気で収入が減って住宅ローンが行き詰まり、死ねば保険金がおり家族が助かる。そう思うからこそ自殺するのである。サラ金の返済が苦しいから死ぬのではない。サラ金だけの返済のために自殺する人なんてほとんどいないのではないか。

ところが一般人やマスコミは自殺した人がサラ金の借金を抱えていただけで、「自殺したのはサラ金のあくどい取立てのせいだ」と一元化してしまう。サラ金で借りざるを得なくなってしまった原因の一つである、住宅ローンの返済に行き詰ったという点を完全に見過ごしているのだ。

サラ金が高金利だから自殺者が増えるというのは極めて一面的な見方に過ぎない。二〇～三〇年以上もの長期にわたって国民を借金漬けにする住宅ローンの存在がある限り、借金苦による自殺はなくならない。

▼借金地獄のきっかけは住宅ローンのボーナス払い

住宅ローンで特に借金地獄に陥りやすいのが、ボーナス返済比率が高い人だ。かつての日本であれば、高度成長期で給料は毎年上がり、ボーナスも毎年ほぼ必ずもらえることが確実視されていたから、住宅ローンのボーナス払いをしていても借金苦にあえぐ人は少なかった。

しかし今や時代は変わった。日本は低成長時代に入り、ボーナスが確実にもらえるとは限らない。大企業でさえも突然、業績悪化や倒産する時代。そんな時代にもらえるかもわからないボーナス払いをローンに組み込んでいれば、まず間違いなく、住宅ローンの返済計画に狂いが生じるだろう。

実際、私がアイフルで不動産担保ローンをしていた頃、ボーナス払いでつまずいてしまったサラリーマンの何人かに融資したことがある。思ったよりボーナスが入らなかった……。たったそれだけの理由で、本来サラ金などに一生縁のないはずのまともなサラリーマンがサラ金を利用しなくてはならないのだ。

現役のヤミ金業者もボーナスが減ったサラリーマンを新たなターゲットとして見ている。

「今の時代、ボーナスが減って住宅ローンに苦しんでいるサラリーマンも多いだろう。にもかかわらず規制強化で合法のサラ金が金を貸しにくくなるなら、サラリーマンもヤミ金のいい客になりそうだ」

サラ金どまりで何とか踏みとどまることができたサラリーマンも、住宅ローン返済のためにヤミ金にまで手を出さなくてはならない時代が訪れようとしている。

サラ金やヤミ金を利用してまで住宅ローンの返済なんかするぐらいであれば、家を売ってローンを返済すればいいとの声もよく聞く。「別に住宅ローンが返せなくなったって、家を売れば借金返して再スタートできるんだから、いいじゃないか」と。しかし残念ながら現実的には難しい。住宅ローンの返済が苦しくなる時は決まって不景気だ。不景気の際は地価は下落し、住宅価格やマンション価格も下落する。ましてや中古ものなど叩き売りの状態になりかねない。

その状況で家を売ったところで全額借金を返済できるかわからない。家を売った挙句、借金もまだ残ってしまい、賃貸暮らしとなったら、余計に家計は苦しくなる。

つまり売ったところで茨の道が待ち受けている。だからこそサラ金やヤミ金から借りてなんとか一時的にしのげば、家を売らずに済み、なんとかなるのではないかと思う債務者が多いのだ。

▼債務者の状況に関係なく、ヤミ金だけは生き残る

過度に貸し手、特にサラ金だけをバッシングしてきたことで、債務者の意識を大きく変えてしまい、健全な貸金業界に程遠い状況となった。にもかかわらず、ヤミ金はいつの世にもはびこり、モラルなき債務者だろうが、横暴な債務者だろうが、きっちり取り立てを行ってきた。一体、なぜヤミ金だけが取り立てできるのだろうか。それは単に脅迫的な手法が理由だけではなかった。ヤミ金業者はその秘密を語ってくれた。

「個人向けにトイチ（一〇日で一割の利息）やトサン（一〇日で三割の利息）でヤミ金をしていたが、だいたい一〇人貸せば四人は逃げる。つまりは六人から回収できれば成り立つ商売よ。どこのサラ金も金を貸さない、借金まみれの多重債務者に貸してとりっぱぐれないのは、一〇日に一度、必ず利息の支払いのため、客と顔をあわせることができるから。『こいつはもうヤバイかな』『まだまだ絞りとれるかな』というのは会えばすぐにわかる」

サラ金は対面融資・対面返済から無人機、ネット化することで、客の状況がわからなくなってしまったが、ヤミ金だけはきちんと客と顔合わせをするから、債務者の状況変化にすぐ気づくので、とりっぱぐれする確率が低いのだ。またこんなことも語ってくれた。

「言っておくが俺から客に金を借りてくれなんて絶対に言わないから。借りたい客を目の前にして、俺は必ずこう言っている。『はっきりいって俺から借りない方がいいよ。金返せなかったら大変なことになるよ。借りすぎない方がいいよ。他で借りた方がいいんじゃないの？』って。それでもどうしても借りたいと客が言った場合に限り、『じゃあこの条件で貸してやるよ』と条件提示をする。客は違法な高金利と知りながら、それでも借りたいと泣きついてくる。そこらのサラ金みたいに広告打って借りてくださいなんて頼まない。客が違法と知りつつ借りたいという意志を融資の際にしっかり確認している。だから客が返すのは当たり前の話よ」

ヤミ金を利用したことがある女性はこのように語る。

「ヤミ金からお金を借りる前にしっかり説明を受けました。『自分が何をしているのかわかっていますか？　これは借金です。まずは五万円まで貸すけど、きちんと返せば何もしないし、今後いくらでも貸してあげましょう。しかし返さなければ、わかってますね？』と。あまりに冷静でしっかりとした対応だっただけに、逆に怖いと思いました」

ヤミ金の怖さを感じた夫が、代わりにすぐに返済はしたという。事前に借金の恐ろしさを多重債務者に認知させれば必要以上に借金することもなく、きちんと返済するのである。

▼弁護士介入になっても違法な金利も回収できるヤミ金

ヤミ金は仮に弁護士介入になったとしても、たいがいの場合、違法な金利分含めて一〇〇％回収できるという。

「弁護士と同席した多重債務者が俺に『こんな違法な金利は支払えない』と言ったとする。多重債務者は弁護士がついているから安心だと思っている。しかし俺はこう言い返す。『俺はあんたに借りてくれってお願いしたこと、一度でもあったか？　あんたが違法な高金利だと知りながら、それでもどうしても貸して欲しいと言ったんだろう？　違うか？　だからどこの馬の骨とも知らぬあんたに、こっちだって生き死にかかったなけなしの大事な金を貸してやったんだろう？　そうだろう？　金利うんぬんの問題じゃなく、俺とあんたとの人間同士の約束だ。その約束でもいいと同意したから借りたし、貸したんじゃないのか？　そこまで約束したことをあんたが破るか破らないか、ただそれだけの話だよ。あんたは約束を破るのか？　人間としてどうなんだ？　それでも大人か。こっちはガキの使いでやってんじゃねえぞ！」

こういうと多重債務者はぐうの音も出ないという。債務者自身が違法な高金利と知りつつ借り入れをお願いしたのであって、だまして貸したわけではないからだ。だいたい和解に持ち込むことができ、ほとんど回収できるという。

合法なサラ金は規制強化とバッシングにおびえ、金貸しの本質を忘れてしまったために、貸した金を返してもらえなくなっている。一方、サラ金より数十倍の暴利をむさぼるヤミ金が、不景気な世の中でも金のないはずの多重債務者からきっちり回収できるという皮肉……。変な話だが、こうしたヤミ金の毅然とした対応こそ、今の貸金業界に最も求められていることではないだろうか。それが金を借りることの重さを債務者に知らしめ、二度と借金をしないよう抑止力になるのではないだろうか。取り立てが厳しいことは決して悪いことではない。

▼なぜ自転車操業をしてしまうのか

そんなに借金が苦しければ、サラ金やヤミ金から追加で金を借りずに自己破産してしまえばいいじゃないか。誰もがそんな風に思うだろう。これについて多重債務の経験を持つ女性は、多重債務者の心境を教えてくれた。

「自己破産すれば借金していたことをカミングアウトすることになり、いろんな面で差別的な目で見られたり扱われたりするのではないか。それが何より一番、恐ろしい。だから自転車操業してまで、お金を借りて借金していることを隠そうとするのです。そもそも金銭感覚が麻痺しているし、自転車操業しているうちは大丈夫との妙な安心感もあった。その代わり、自転車操業ができなくなったらアウト。もしそこでヤミ金にお金を借りたら最後。ヤミ金には借りず、なんとか踏みとどまってはいますが……」

借金していることがバレるのは怖いという強迫観念は、多重債務者に相当強いようだ。

「それに毎月の返済をきっちり守らないと信用情報機関に登録されてブラックリストに載ってお金が借りられなくなってしまうという恐怖感も大きい。だから毎月の返済ができなければ自転車操業してしまうのです。本当はいっそブラックリストに載って借りられなくなった方が楽になれるのでしょうが……。

債務者の多くは見栄を張ってしまうから、その見栄を守るために借金を積み重ねていってしまうのかもしれない。結局、自分が借金してしまったのも、変な見栄を張って自分を保つために借金していたんだと思います」

多重債務経験のある男性は借金についてこう話す。

「これから子供も大きくなり、いろいろとお金が必要になる時期がやってくる。そんな時にお金が借りられなくなることが一番の不安。だから借金したら何が何でも期日までにしっかり返さなきゃいけないと焦ってしまい、自転車操業をしてしまうんです。返さなければという強迫観念はものすごく大きかった」

借りられなくなるまで自転車操業を続けてしまう債務者の心理。ただ、結局、自転車操業することは、単に破滅を先延ばしにしているのに過ぎない。自転車操業し始めたら最後、いつかはどこかで破綻する。それまで借金を隠そうとして借金を雪だるま式に増やしてしまう。そこで必要なのは債務者のカウンセリングをすることだが、その点が抜け落ちた規制強化をしたところで借金問題はなくならないだろう。

多重債務経験のある女性はこんなアドバイスをする。

「期日までに借金が返せなくなるのはまずいからといって、他社から借りて自転車操業するよりも、まず借入先に返済期日を延ばしてもらうよう打診してみるといい。大手なら案外、理解を示してくれて、返済期日が延びても入金約束さえできれば、ある程度、柔軟に対応してくれる」

ヤミ金や中小サラ金では無理だが、大手サラ金なら返済条件など柔軟に見直してくれる可能性も高い。昔なら債務者がサラ金の担当者に気兼ねなく相談できたのだろうが、機械化した借り入れになってしまったことで、債務者もサラ金に相談しにくいといった面もあるのかもしれない。

第五章

サラ金のあるべき姿とは

——金貸しの原点に戻れ

▼サラ金が生き残るヒントはヤミ金にあり

過払い金返還、総量規制、金利引き下げ、そしてマスコミの「捏造」バッシングにより、サラ金は潰れる運命となった。もはやサラ金全滅まで時間の問題だ。サラ金が潰れれば、借金をしたい人は銀行かヤミ金かの二択しかないことを意味する。果たして本当にそれでよいのだろうか。

銀行でもヤミ金でもない中間的存在としてサラ金が生き残る道＝社会的意義のある存在価値とは何なのか。皮肉にもそのヒントはヤミ金業者の話にあった。

サラ金が横柄な債務者から借金を取り立てられないなか、ヤミ金はどこも金を貸さない多重債務者からきっちり金を回収する。暴力的な取り立てをされるかもしれないという恐怖もさることながら、最も大きな理由は、ヤミ金だけが対面融資・対面返済を行っているからだ。つまりきちんと客と直接会い、モニタリングし、カウンセリングしながら債権を管理している。これこそサラ金が業界の成長とともに最もないがしろにしてきたことではないだろうか。

ヤミ金業者に詳しいサラ金社員は、ヤミ金のやり方にこそ大手サラ金が見習うべき姿勢があると反省する。

「ヤミ金はお金を貸す時に客にちゃんとリスクの説明をしているんです。借りすぎるなとか、借りたら大変なことになるけどそれでも借りるかと。だから客はヤミ金を信頼し、どんなに苦しくてもお金を返すんでしょう。でも、そんなことを言うサラ金がほとんどなくなってしまった。本来、サラ金は今のヤミ金と同じ対面融資が基本で、お金を貸す側と借りる側の人間関係があって成り立っていた商売だった。でも無人機が普及してから、人間同士のつながりがなくなってしまったサラ金は、客へのカウンセリングやコミュニケーションを怠っていたのかもしれない。大手サラ金はヤミ金の姿勢から見習うべき点は多い」

効率と利益ばかりを追い求めて、徹底してオートメーション化したサラ金が拡大成長路線とともに忘れてしまった大事なもの。それが客とのコミュニケーションだった。コミュニケーションがなければ、客は金利が高いか安いかでしか貸金業者を選ばなくなるのは当たり前だ。自然、客が金利の安い銀行に流れていくのはやむを得ない事態でもある。コミュニケーションなきサラ金は金を借りやすくさせた半面、社会的存在価値をどんどん下げていってしまったのだろう。

▼昔はサラ金と客との間に信頼関係があった

かつてサラ金大手のアコムに勤めていた社員は、対面融資が基本だった昔の頃のことを振り返る。

「借金している人は心の病気を持っている人たちなんです。借金していることに負い目もあるし、家族に内緒にしている場合も多い。自分はできない人間だと自己評価が低い人も多い。そういう心の病を持った人たちの心の隙間を埋めていたのが、対面融資を重視し、お客さんとしっかりコミュニケーションをとっていた昔の大手サラ金であり町金だった」

大手サラ金が上場する前の頃は、無人機もなく対面融資が当たり前。だからサラ金と客との間に一定の信頼関係が成り立っていたともいう。

「昔のお客さんは金利に文句を言わなかった。金利が高い低いをほとんど気にしていなかった。高金利だけどお金の貸し借りを通じて、時には叱ったり、時には褒めたりしながら、サラ金が債務者のカウンセリング機能を果たしていたからでしょう。完済したお客さんなんかが、気軽に店に遊びに来ていたりとかする雰囲気があった。そして社員と雑談して帰っていく。そんなお客さんとの関係性が一五年ぐらい前まではあったんです。

月末に融資目標が足りない時なんかはお客さんに『成績足りないから、すぐ返してくれればいいんで、月末でお金借りてくれないかな』なんてよく頼んでいた。お客さんにとっては一日分の利息を支払うだけ損なのに、こうしたお願いにも快く応じてくれたお客さんもいっぱいいた。借りる側と貸す側に密なコミュニケーションがあったからこそ、こんなムリなお願いもできたんだと思います。今じゃ絶対に無理ですけど……」

アコムの元社員は今後のサラ金のあり方として、「無人機は一切やめて、かつての対面融資の原点に戻り、客のカウンセリングをしながら金を貸すスタイルに戻るべきではないか」と提案する。

「サラ金が効率ばかりを優先してきた結果、客と密にコミュニケーションすることがなくなってしまった。これでは借金病患者の治療をしないまま、借金漬けしてしゃぶりとるだけになってしまう。もっといえば、借金病にかかっていない人まで、借金できる手軽さをアピールすることで借金病患者を増やしてしまう」

もう一度、サラ金は原点に立ち返り、対面融資、対面返済をベースにした客の借金カウンセリングをしながら営業するスタイルに戻ることが、銀行とは違った存在意義を発揮できるポイントではないだろうか。もちろんそれを行うには人件費などのコストがかかるため、上限金利は最低でも二九・二％にしなければならないと思うが。

▼借金がしやすい環境が諸悪の根源

一介の町金に過ぎないサラ金業者が東証一部に上場するまで成長した原動力となったのが、

国民に借金する後ろめたさをなくす数々の戦略にあった。一九八三年のサラ金パニックで一度は瀕死の状態だったサラ金が奇跡の復活劇を遂げたのは、斬新なテレビCM、女性社員の大量採用、無人契約機の導入など、借金を身近にするイメージ戦略が功を奏したからだろう。サラ金を消費者金融と言い換えたのも大きかった。

なかでも決定的だったのが無人契約機だ。借金することは誰だって後ろめたさを感じる。特に人と接して金を借りることには相当な抵抗感があった。ある意味ではそれが安易に借金することの抑止力になっていた。

しかし人に会わずに借金できる機械を発明してしまった。無人契約機だ。これは画期的な発明だった。まるで銀行のATMから自分の預金を引き出すような感覚で借金ができる。この無人機の爆発的な普及こそが、サラ金を急成長させた反面、本来サラ金が果たしてきた債務者とのコミュニケーション、カウンセリング機能を放棄する、皮肉な結果を招いたともいえる。

そもそも多重債務に陥る一番大きなきっかけはクレジットカードのキャッシングにある。金に困ったからといって無人機といえどもサラ金から借りるにはやはり相当な抵抗感がある。ところがサラ金の無人機普及の前から、簡単に借金することができたのがクレジットカードだ。カードのキャッシュディスペンサーから金を引き出すのは借金しているという感覚を完全に麻痺させた。ましてやカードを使うことはかっこいいというイメージもあり、国民を簡単に借金漬けした。しかもカードのキャッシング利率はサラ金の高金利と何ら変わりはないのである。

カード何枚かで自転車操業をした後、カードで金を借りられなくなると利用するのがサラ金だった。サラ金はカード会社と同じように無人機で借りられる。こうしてカードの自転車操業からサラ金の無人機の自転車操業をはしごすることで、多重債務が深刻化していった。

多重債務経験のある女性は無人契約機ほど便利なものはないと言う。

「ギャンブルで負けても、そうだ、無人契約機がある！　っていう感じで気軽にどんどん借りちゃいました。無人機のテレビＣＭとか見ているので、借金に対する後ろめたさもなく、お金を借りられる便利なものだと思っていた。しかも借りた時はお金持ち気分が味わえる。自分の財布にあっという間にお金が増えるわけですから。この無人機という悪魔の誘惑のせいで、私自身、多重債務に陥ってしまったし、破産した人が大量に増えたと思います」

▼無人機フィーバーでサラ金バブル

「無人機が出た当初、行列ができるほどのすごいフィーバーだった。でも今、思えば、無人機によって借りる必要のない人の需要を無理やり掘り起こしただけだったのかもしれない。もうとっくにサラ金需要は頭打ちだったにもかかわらず、無人機フィーバーのおかげで業界の寿命が延びただけだったと思う」とあるサラ金社員は当時を振り返る。若い人を中心に借金に対する罪悪感を希薄化させ、需要を掘り起こした結果、サラ金は肥大化していった。アイフル元社員はこんな風に語った。

「結局、ここ数年がサラ金業界のバブルだっただけなのかもしれない。経済環境は変わり、もはやバブルは終わった。それにサラ金業界が気づくのが遅かったのかもしれない。拡大路線から早々に転換すべきだった」

今、サラ金が生き残ろうとしているのは、究極的に借金しやすい手段、ネットサラ金だ。できるだけ客に心理的負担なく、かつ手間なく金を貸す仕組みを考えれば、行きつく先はネット。たとえばケータイサイトですぐに与信ができ、すぐに融資を振り込むような、無人機をさらに発展させた形のネットサラ金なら、サラ金は生き残れる道があると現在のサラ金経営層は考えているようだ。大手サラ金プロミスでは、新規顧客獲得件数のうち、すでに九二％は自動契約機やネットなどの非対面だという。いかに非対面が借金をさせやすいかがわかる数字だ。

最近では通信会社やネット銀行などがネットサラ金、ケータイサラ金に非常に力を入れている。例えば、通信大手ＫＤＤＩと三菱東京ＵＦＪ銀行が共同で設立したケータイ銀行「じぶん銀行」では、借金の申込から借入まですべてケータイでできるサービスまで登場している。最短即日融資で最大三〇〇万円まで、上限金利は一七・五％。サラ金のえげつなさと何ら変わりないわけだが、ケータイで安易に借金できてしまう恐ろしい手法を規制しようという動きはまったく見受けられない。

つまり、本気で多重債務問題を解決したいのなら、金利規制や総量規制なんかではなく、借金をさせやすいツールを規制することが一番効果的なのだ。借金させるには対面で借金について リスクを説明しなければならず、無人機やネットを認めないようにすれば、上限金利が四〇％だろうが五〇％だろうが、今より借金しやすい環境はなくなり、多重債務者は間違いなく減るだろう。

▼対面融資しない大手サラ金のあり方を町金が警告

大手サラ金全盛時代の一九九八年頃、私がアイフルに勤めていた時、ある町金業者から、「対面融資、対面返済しないで営業する大手サラ金のあり方は金貸しとして間違っている」と言われたことがある。都内駅前のペンシルビルに店を構え、いかにも怖そうな町金の親父。当時、無担保で四〇・〇〇四％で融資をしていた町金だ。

この町金からは不動産担保ローンの大口案件を紹介してもらっていて仲良くなった。そこの親父がまだアイフルに入社して二年目の私に、こう諭してくれたのだった。

「いいか、おまえんところの会社がやっている金の貸し方はどう考えてもおかしいぞ。客と一回も会わず金を貸すなんて、金貸しの風下にもおけねえ。無人機で融資し、客の返済は振込み。どんな客か顔もみないで貸していたら、いつかは不良債権の山になるぞ。うちんところは融資も返済も対面が基本。客が返済は振込みにしたいといっても絶対に店に持ってこさせる。店に来てもらわなきゃ、融資した後の客の様子がわからなくなっちまうだろう」

対面返済させることにはこんな狙いもあると町金業者は言う。

「あんたも知っての通り、債務者は融資した時からどんどん状況が変わる。給料が減らされただとか職を失っただとか、またギャンブルにはまっちまっただとか。でもな、そういう変化は顔を見れば一発でわかる。だから必ず振込みでなく来店させて返済させる。そこで債務者の顔色や様子を見て、五分でも話をすれば、今、うまくいってんのか、あまりうまくいってないのかすぐわかる。金貸しっていうのは融資後もそうやって客をしっかり管理していたからこそ、返済能力の低い客でもきちんと回収できたわけよ。毎回、客と話して、時には『もうこれ以上は借金すんなよ』とか言ってやることもできる。それが金貸しってもんなのに、大手サラ金はそういう面倒な手間を省いてしまった。そのツケはいつか天罰となってあんたらの会社にはねかえってくるぞ」

まさに町金の親父の言う通りになった。古き良き町金の人情を失い、機械化されてしまった大手サラ金は、借金者を増やすことばかりに注力し、今までやってきたはずの客のモニタリングを放棄してしまった。

だから今、大手サラ金に存在価値がなくなってしまったのだろう。だから客は大手サラ金に横暴な態度をとるようになったのだろう。唯一、客と対話をしているのはヤミ金しかないからこそ、債務者は高金利だろうとヤミ金を頼るのだ。

▼高金利でも客は喜んで借りていた

「昔のサラ金の利用客は金利が高くても文句は言わなかった理由は二つある。金利が高くてもすぐに金が欲しいから。もう一つは、金の貸し借りが担当制で、担当者に話を聞いてもらえるという満足感があったから」とサラ金社員は分析する。

サラ金元幹部は「助かった人も多かった。貸してくれてありがとうと、客から涙を流して喜ばれたことも多々ある。もちろんそういう人ばかりではないけれど、すべてが過剰融資で、債務者を苦しめたというのはまったく違うと思う。消費者金融がお金に困っている人を支援したという側面は大きい」と語った。

サラ金が急成長を遂げたのは、バブル崩壊後、日本が「失われた一〇年」と揶揄された期間だった。当時、不動産バブルに踊って不良債権を山のように出し、資金の出し手としてまったく機能しなくなった銀行が、貸し渋りだけではなく貸し剥がしまでするような時代に、ハイリスクな人々に資金を融通してきたのがサラ金と商工ローン会社だった。雨が降った時に傘を貸さない銀行に代わって、リスクをとって融資をしてきたのがサラ金だったのである。だからこそサラ金は急成長し、社会からも認められる存在にまでなった。銀行が本来すべきことをしなかったからこそ、サラ金が成長したのである。

多くの人は勘違いしているが、サラ金は客を潰すために金を貸しているわけではない。なぜなら客が潰れたら貸した金が返ってこなくなってしまうからだ。金を貸しつつ、客を立ち直らせる相談機能を持ったサラ金になれば、銀行かヤミ金かしか選択肢がない今、高金利であっても一定のニーズを満たすことができるのではないだろうか。

▼貧困向け高金利貸がなぜノーベル平和賞を受賞したのか

世界では「サラ金」がノーベル平和賞を受賞している。マイクロファイナンスという仕組みだ。マイクロファイナンスとは極貧者、特に無職の女性に年利三〇〜七〇%という高金利で金を貸し、しかも四、五人の連帯保証人をとるという、サラ金真っ青の恐ろしい融資システムだ。

しかしなぜこの仕組みがノーベル平和賞を受賞するまで評価されているのか。それは単に高利で融資するだけでなく、融資した人に貯金の仕方、家計管理の仕方、お金の稼ぎ方、教育、仕事のアドバイスなどを行うからだ。毎週のように面談し、債務者から状況を聞き、貧困層の自立支援を促している。

かつての町金の一部はそれに近いことをしていたのではないか。高金利であっても客の状況を逐一聞き、これ以上、借金をしないよう指導する。だからこそ高金利であっても短期で少額なら急場しのぎで助かったと感謝され、高利貸であっても社会のなかで存在意義があった。

多重債務問題が近年深刻化しているのは、金を与えるだけでその後の管理をしっかり行ってこなかったからだろう。だから債務者は金を借りたのではなく、もらったと勘違いする。だから返さないし、返せない。そしてわけもわからず自転車操業しかなくなってしまう。

マイクロファイナンスは主に発展途上国で普及しているが、先進国の一部でも普及し始めているという。貧困層支援ならボランティアでやればいいじゃないかとの批判もあるが、支援事業を永続して行うためには一定の利益を得てビジネスとして成り立たせる必要がある。また、貧困層を自立させるにはボランティアで無償で金を与えてしまうのではなく、借りるという行為を通じて、債務者自身の社会への責任感を促す狙いがあるという。

サラ金が生き残るヒントのひとつにマイクロファイナンスがあると思う。

▼大企業化したサラ金に金貸しはできない

サラ金が大企業化したため、そこで働く社員が一般のサラリーマン化してしまったことも、大手サラ金の弱体化につながったとヤミ金業者は指摘する。

「俺たちヤミ金は客が金を返せなかったら、自分が金主から殺される――。いつも生き死にかけて金貸しやっているわけよ。だから貸す客を慎重に選別するし、貸した客からは何が何でも金を返してもらう。それが本来の金貸しってもんでしょう。今のサラリーマン化した大手サラ金の社員に、命がけで金を貸し、命がけで金を返してもらわなければ、自分の命が危ないって感覚はないからダメなんだよ」

この話を聞いたサラ金社員はヤミ金の話に深く感じ入った。

「これが本来の金貸しのあり方なんですよね。大手サラ金の創業者たちだって、かつては自分の金を客に貸し、自分の金だからこそなんとしてでも回収し、そうやって命がけで金を貸してきた。でも大企業になりシステム化された大手サラ金社員に命がけで貸すといった気概はない。回収できなくたって自分の懐が痛むわけじゃないから、ついつい回収も甘くなってしまう。ヤミ金業者の話を聞いて、金貸しのプロだなと思った。大手サラ金だって本来はこうあるべきじゃないか」

私がサラ金に入社した時、取り立てをする際にはよく先輩社員からこうアドバイスされたものだ。

「会社の金だと思うな。自分の金が返ってこないと思え。その気持ちで取り立てしない限り、客はサラ金をバカにし、本気で返そうとはしない。本気で取り立てしなければ、百戦錬磨の多重債務者にはすぐわかってしまう。『この担当者は本気じゃないな。別に返さなくても大丈夫だろうな』と」

取り立て＝悪、貸す側＝悪というイメージがここ数年、過度に植えつけられてきた。しかしそれは他人事だからそんなことを言えるのだ。考えてみればわかるが、例えば自分が知人に一〇〇万円貸して金が返ってこなかったらどう思うだろうか。何が何でも金を返してもらおうとするはずだ。それを「貸したおまえが悪い」「電話は一日一回しかかけちゃいけない」「紳士的に話さなければならない」と言われてどう思うだろう。甘い取り立てで借金の返済期日を守らない輩が金を返すわけがない。

暴力的な発言はいけないし、常識を逸脱した回収行為は厳罰に処すべきだが、過度に借り手だけを守る規制強化は、かえって債務者の借金ぐせを悪化させ、多重債務問題を深刻化させかねない。金を他人に貸したことがないお偉いさんやメディアが、机上の空論で理想論をもとに作った規制強化では、多重債務問題はますます泥沼化するだけだと思う。

▼借金ができなければ経済は悪化する

多重債務問題解決のためにサラ金を規制するというのは聞こえはいいが、今の資本主義社会は個人も事業者も借金なしの生活をしている人なんて皆無に等しい。つまり借金の規制強化をすると間違いなく景気は悪くなる。

だから規制強化がサラ金だけを狙い撃ちした中途半端なものになっている。本気で多重債務問題を解決したいなら、住宅ローンや自動車ローンなど有担保ローンも総量規制の対象にすべきだが、なぜか莫大な借金の原因となっているこうしたローンは対象外とされている。結局、政府も官僚も銀行も企業も、個人が賢い消費者になり、借金せず物を買わなくなってしまったら困るのだ。だから総量規制に対象外の抜け穴をしっかり用意する。

「結局、現在の経済システムが消費社会である以上、欲望を煽る誘惑はなくならない。むしろ国民が借金してでも消費（浪費）してくれないと景気は回復しない。このような経済の仕組みが成り立っている以上、法律改正をしたところで永遠に借金問題はなくならない」とサラ金社員は語る。

自営業者が資金繰りのため、サラ金を利用することもよくある。中小企業もしかり。そもそも借金がない企業なんてほとんどない。金融資本主義とは借金資本主義でもあり、借金をなくしてしまったら成り立たない経済社会なのだ。

だから亀井静香金融大臣が改正貸金業法全面施行を前にこんな発言をするのだ。「小口・緊急の庶民の資金ニーズにメガバンクとしてどう対応していくのか。対案を出さないとだめだ」。零細企業や個人事業主らの必要資金は、銀行や信用金庫などがきちんと融資すべきとの持論を亀井氏は述べたという（日本経済新聞二〇一〇年三月六日）。結局、金融（借金）資本主義社会である以上、借金商品は不可欠なのだ。

サラ金と商工ローン会社を潰したものの、銀行がその役割を担うことができなければ経済は窒息してしまう。今まで銀行が手を出せなかったリスクをとってきたのがサラ金であり商工ローン会社であった。そこを潰しても、銀行がそのリスクの担い手にならない限り、景気悪化につながってしまうことを恐れている人も多い。資本主義社会である以上、借金は悪とは誰も言い切れないのだ。

結局、国民に借金させて物を買わせない限り、経済成長はできない。もしくは経済成長を目標とせず、別の基準で国民の生活を幸せにする根本的政策転換を行わない限り、サラ金・商工ローンを潰しても、金貸しニーズはなくならず、それを銀行が暴利をむさぼって独占するか、そこで借りられない人はヤミ金に行くしかないという道しか残されていない。

▼借金推進で経済成長したアメリカモデルの崩壊

国民に借金をさせることで経済成長を遂げてきたのがアメリカだ。思えば、二〇〇七年まで世界で空前の好景気が長く続いたのは、アメリカ国民が借金をして物を買ってくれたおかげといってもいい。その究極がサブプライムローン（低所得者向け住宅ローン）だ。不動産価格は上がるから、低所得者にも住宅ローンを組ませても貸し倒れしないとどんどん高金利で金を貸し込んだ。金を借りた低所得者はいずれ不動産が倍で売れるからと、借金で物を買いまくった。そのおかげで消費需要が活発になり、日本や中国など輸出企業が莫大な利益を上げ、世界経済は活況を呈した。

しかし借金主義がエスカレートし、不動産価格がバブル化していることが露呈し、急速にマネーの動きが逆回転をしはじめると、金が返せなくなり、借金もできなくなり、景気は悪化の一途をたどった。借金で物を買うのが大好きなアメリカ人が、今や教会で「貯金をしましょう」「借金で物を買うのはやめましょう」と説かれるようになる事態にまでなった。

借金することが悪いという教育をしない限り、サラ金は潰れても金を借りたい人は多く、ヤミ金がボロ儲けするだけだろう。しかし借金が悪いといえないのは、借金を過度に規制しすぎると不景気になってしまうという消費社会の構造的問題がある。多重債務者が消費社会の欲望に誘惑されず、きちんとした家計管理ができるよう教育しない限り、サラ金が潰れても多重債務問題はなくならない。

「今の世の中、お金が幸せの価値を決めると叩き込まれている。だから容易に生活レベルを落とすことができない人が多い。収入が減っても今までの生活レベルを維持したい。その欲望に答えたのがサラ金だった。サラ金を潰したところで、国民にその欲望が消えない限り、別の形で新たな金貸しが必要になるだけですよ」（サラ金社員）

多重債務問題を解決するには、義務教育で借金の恐ろしさ、金融の仕組み、消費社会の恐ろしさなどを教える必要がある。しかし、そんなことをしたら国民が物を買わなくなってしまうので、多重債務問題が解決するとわかっていても、絶対にそんな政策はやらない。

なぜなら、国民は適度に愚かでいてくれた方が、政治家・官僚・企業にとっては都合がいいからだ。借金して消費三昧したアメリカ国民のように。それによって賢い人間の一部だけが利益を独占する体制ができる。

▼サラ金は社会の表舞台に出すぎた

サラ金の存在を積極的に社会的意義があるというのは難しいし、誰もが納得しないだろう。しかしサラ金を全滅させればいいのかといえばそうではない。サラ金とは社会にとってどんなものなのか。それを私がアイフルに入社した時、真っ先に先輩に教えてもらった。「サラ金は必要悪だ」と。

サラ金は必要な存在だが、善として存在意義があるのではなく、「必要悪」として存在価値がある。これこそサラ金本来のあり方であり、今後、サラ金がどうあるべきかを考えるスタート地点だと思う。

必要善ではなく必要悪だからこそ、サラ金は社会の片隅でひっそり存在すべきだった。しかしサラ金の全国チェーン展開がもたらしたものは、社会で表立った存在になってしまったこと。これが様々な悲劇を招き、多重債務問題を悪化させた最も大きな原因だ。

サラ金とは本来、社会で目立ってはいけない存在。テレビCMや電車の広告なんてもってのほか。駅前ビルにあるなんていうのもあり得ない。本当にどうしても金に困った人だけが、街角の隅の方にある、入りにくそうなサラ金に、後ろめたさを感じながら金を借りる。それが必要悪としてのサラ金の存在意義のはずだ。

ところがサラ金は近年、急速に社会の表舞台に出過ぎてしまった。ばんばんテレビＣＭしたり、駅前の一等地に次々と店を展開していった。それによって国民が借金することの敷居を下げてしまった。金を安易に借りやすくさせることは、社会に害悪を撒き散らしたともいえる。本当にどうしても借りたい人が死ぬ気で借りるのではなく、ＡＴＭ感覚で気軽に借金させてしまう行為を助長させた。その罪は大変に大きい。

▼サラ金広告を全面禁止に

サラ金のＣＭや広告は最近は減ったものの、銀行の高金利ローン商品はここぞチャンスとばかりに鼻息は荒く、広告は多い。超有名人タモリを使って、一〇万円借りても利息はたいしたことはないという広告を展開しまくっているのには度肝を抜かれた。金利はぜんぜんたいしたことないから、金に困ったら借りなさい的な広告が平然と社会の表舞台に流れている。しかもタモリという好感度の高いタレントを使って。こういう広告が許されてしまうから、借金苦による自殺者が増えたり、破産者が増えたりしてしまうのだ。

サラ金広告が堂々と社会の表舞台に存在していることの異常事態は、同じ必要悪としての存在である性風俗産業にたとえてみればよくわかるだろう。もし電車の中吊りやテレビCMに、堂々と性風俗店の広告が出ていたらどう思うだろうか。駅前の一等地に風俗店が軒を連ねていたらどうだろうか。多分クレームの嵐になるのではないか。

サラ金の広告が今もなお社会の表立ったところに登場できるのは、言ってみれば、ソープランドの広告を大々的に電車やテレビで流しているのと同じ行為だ。風俗業は必要＝必要悪だとは思うが、でもだからといって社会が率先して推奨すべき商売ではないだろう。サラ金と同じ必要悪で、社会の片隅で目立たず営業しているのが本来の姿だと思う。だから風俗店の広告はテレビにないし、電車やバスの広告にもない。

本気で多重債務者を減らしたいと思うなら、金利引き下げや総量規制といった小手先の改革の前に、まず、サラ金も銀行も、クレジットカードも、すべての借金広告を全面禁止すべきだ。そうしたら間違いなく、安易に借金する人は減り、多重債務者も減り、自殺者や破産者は減るだろう。

でもそれをしないのはメディアが困るからだ。結局、この国の政策は、国民のためではなく、既得権益者のために行われている。だからいつまでたっても問題はなくならない。問題解決の本質ではないところにばかりメスが入れられる。

有名人を使った高金利サラ金の広告があっても、そんなにクレームはない。かつては社会的に害悪だとの議論はあったが、メディアが広告をとるのに苦労していた時期に、サラ金広告を解禁してしまったことで、すっかりサラ金広告の存在が国民に慣れ親しんでしまった。これこそが国民を借金漬けにさせた大きな原因であり、安易に国民に金を借りさせ、多重債務問題、自殺問題、自己破産問題を増幅してきた悪の元凶の一つだ。

サラ金は表舞台に出すぎてしまった。それが多重債務問題を大きな社会問題にさせてしまい、今回、狙い撃ちで潰される原因の一つになったことは否めない。サラ金は社会の片隅でごく限られた人だけを相手にする必要悪として存在することで、本当に借金に困った人にだけ金を貸し、カウンセリングをしながら債務者に資金の融通をする形を取り戻すべきだった。

▼多重債務問題解決のための提言

サラ金を潰し、債務者を困らせ、銀行と弁護士とヤミ金が儲かるための改正貸金業法ではなく、多重債務問題解決に何が必要か。私なりの提言を行いたい。

①銀行も含む金融機関すべての借金広告の全面禁止（自社のホームページのみ。テレビ、雑誌、ラジオ、ネット、交通広告などすべて禁止）

→安易に借金する人を食い止め、これ以上、多重債務者を増やさない

②借金の原因となる、ギャンブル広告の全面禁止（パチンコ、競馬、競輪、ＦＸなど）

→借金をする大元を断つ

③無人機、キャッシュディスペンサー、ネット振込みなど非対面融資の場合は、上限金利を一〇％とする

→安易に借金させる手段の規制強化

④上限金利を四〇・〇〇四％に引き上げ。ただし一〇％超〜四〇・〇〇四％以内の金利で貸すには、対面審査・対面融資・対面返済を行わなくてはならない。かつ返済期間は半年以内に限る

→債務者がヤミ金に流れるのを防ぎ、ヤミ金化する町金の合法化をすることで行政が適正な貸金業界を管理できる体制を整える。対面融資・対面返済の復活により、多重債務者へのカウンセリング機能を取り戻す

⑤ローン融資時に債務者に対し、家計管理の仕方や借金の恐怖などのビデオを三〇分間見せることを義務付け

↓債務者が多重債務に陥らないための歯止め。「ご利用は計画的に」ではなく「ご利用は二度としないように」を徹底させる

⑥リボ払いの全面禁止

↓借金感覚を麻痺させる方法を禁止

⑦銀行のカードローン、住宅ローン、自動車ローンなどすべてを総量規制の対象に

↓借金把握に例外規定をつくらず、借入人の債務状況を正確に把握し、多重債務に陥るのを防ぐ

⑧過払い金返還の弁護士・司法書士報酬を過払い金の一〇％以内に。それ以上の報酬を取った弁護士・司法書士は過去にさかのぼり、全額債務者に返還

↓弁護士・司法書士の不法利得を債務者に返還させることで、債務者の再生に役立てる

⑨義務教育で借金基礎知識の授業を義務付け。借金の仕組み、恐ろしさ、生活保護の申請の仕方、自己破産の仕方、ギャンブルの恐ろしさなどを教える

↓多重債務者になる国民をつくらない

⑩ヤミ金業者は最低懲役一〇年の刑に処す

↓ヤミ金の徹底取り締まり強化

⑪消費者金融という言葉は廃止し、すべてサラ金と呼ぶ

↓言葉は大事。サラ金といえば怖いイメージがあるが、消費者金融というからつい借りてしまう

⑫サラ金に限らず、どの金融機関も、完済した客に再び借りませんかという営業行為を全面禁止

↓多重債務問題が繰り返されるのは、完済した客がサラ金からの営業でまた安易に借りてしまうことが多い

以上のようなことが実現すれば、多重債務者は間違いなく減り、ヤミ金は減り、健全な貸金市場が形成されるだろう。

特に真っ先にやるべきことは広告規制だ。サラ金や銀行系サラ金、銀行の高金利カードローン広告が社会に堂々と蔓延している事態は異常としかいいようがない。金利引き下げや総量規制や過剰取り立てよりはるかに悪質で、多重債務問題を悪化させる原因が広告にあると思う。サラ金を潰すための厳しい規制強化を行いながら、なぜ肝心の広告規制に踏み切らないのか、私には到底理解しがたい。もちろん、理由ははっきりしている。広告規制したら、銀行とマスコミが儲からなくなるからやらないのだ。

そしてもう一つ、ぜひ行ってほしいのは④の上限金利を引き上げる代わりに、対面審査・対面融資・対面返済の義務化をすること。多重債務者の借金病という重病を治すにはカウンセリング機能が必要で、その担い手をサラ金、町金がやればいい。対面で行うために無人機やネットによる効率化が図れず、コストがかかるからこそ四〇・〇〇四%まで引き上げることを提案した。またここまで上限金利を上げれば、ヤミ金に流れる人は減少するだろう。サラ金や町金を潰すことで法外な利息をとるヤミ金を潤わしても、何のメリットもないし、多重債務問題はさらに悪化することは必然だ。金利四〇・〇〇四%は高いと思われるかもしれないが、人が債務者と接して、昔の町金のように、「これ以上、借金はするなよ」といった管理をしていくことが、今の日本の貸金業界を健全化させる最も重要な点だと思う。そのためのコストとしてはこの程度の金利は必要だと思う。

何てことはない。サラ金がかつての商売の原点に立ち戻り、社会の表舞台から立ち去り、裏舞台で本当に金に困った人だけを相手にして、金貸しとしてその更生に役立つ融資・回収を行っていけばよいだけの話だ。そうしたことができるようルールづくりをするのが本来の貸金業法の役目であろう。

サラ金は確かに狙い撃ちで潰されようとしている。多重債務問題解決には程遠い、とんちんかんな規制強化がされようとしていることも事実だ。しかしそれを招いてしまった一端は、サラ金が客と一度も顔を会わせず融資してしまうような、システム化を進めてきたつけでもあると思う。

サラ金に限らず、カードのキャッシングにせよ、銀行系サラ金にせよ、銀行の高金利カードローンにせよ、借金する重大さを債務者が知ることができるような仕組みづくりを行い、安易に国民が借金しないような環境整備をすること。それこそが真の多重債務問題の解決につながるのではないだろうか。そうした法改正ならどんどんやるべきだし、賛成したいが、残念ながら今の貸金業法はピントがずれているように思う。

あとがき——改正貸金業法は何のために

結局すべては国民のための改正ではなく、銀行や弁護士を儲けさせたい、銀行の傘下に加わらないサラ金は潰したい、それが目的だったのではないかということが本書を読めばよくわかる。

二〇〇五年、アイフル社長の銀行買収宣言に端を発し、サラ金を潰すための三本の矢が放たれた（すべて二〇〇六年）。最高裁判決による過払い金返還、アイフル全店営業停止処分と捏造テープ、そして貸金業法改正。その総仕上げが二〇一〇年六月の改正貸金業法の全面施行だ。多重債務問題の解決と健全な貸金市場の形成なんてはっきりいってどうだっていいのだ。銀行や弁護士が儲かればそれでいいのだ。たとえ金を借りられなくなった債務者がヤミ金に流れて人生を破滅させたとしてもどうだっていいのだ。

サラ金自身にも大きな問題があった。効率化・巨大化の過程でサラ金が本来持っていた客と

笠虎 崇（かさこ たか）

カメライター（カメラマン＆ライター）。トラベルライター。金融ライター。

1975年横浜生まれ。埼玉県立川越高校卒、中央大学法学部卒業後、アイフルの不動産担保ローン部門に勤務。

2年で総額10億円を融資するトップセールスマンとして活躍。

1999年アイフル退職後、アジアを4ヵ月放浪。

帰国後、編集・ライター・カメラマンに転身。

主に、旅行、金融記事の執筆を行う。

2000年よりホームページ「かさこワールド」を立ち上げ、毎日日記を更新。

主な著書に『サラ金トップセールスマン物語』『アイフル元社員の激白』（花伝社）、『金融屋』（彩図社）。写真集『工場地帯・コンビナート』『団地・路地裏・商店街』『奇観建築・王宮・産業遺産・廃墟』（グラフィック社）など。

ホームページ http://www.kasako.com/
ツイッター http://twitter.com/kasakoworld
連絡先 kasakotaka@hotmail.com

サラ金全滅 —— 過払い金バブル狂乱

2010年5月20日　初版第1刷発行

著者 ——笠虎　崇
発行者 ——平田　勝
発行 ——共栄書房
〒101-0065　東京都千代田区西神田2-7-6 川合ビル
電話　03-3234-6948
FAX　03-3239-8272
E-mail　master@kyoeishobo.net
URL　http://kyoeishobo.net
振替 ——00130-4-118277
装幀 ——テラカワアキヒロ
印刷・製本 —シナノ印刷株式会社

ISBN978-4-7634-1039-9 C0036